Harald Lesch / Ursula Forstner

Wie Bildung gelingt

Ursula Forstner studierte an der Hochschule für Philosophie in München. Dort lernte sie den Philosophen Alfred N. Whitehead (1861–1947) kennen und bringt nun seine »modern« anmutenden Überlegungen zur Bildung ins Gespräch mit Harald Lesch ein.

Harald Lesch ist nicht nur Professor für Astronomie und Astrophysik an der Ludwig-Maximilians-Universität München und Dozent für Naturphilosophie an der Hochschule für Philosophie München. Durch seine Präsenz in Funk und Fernsehen ist er darüber hinaus als hervorragender »Erklärer« bekannt: In Sendungen wie »alpha Centauri«, »Leschs Kosmos« oder dem Youtube-Kanal »Terra X Lesch & Co« vermittelt er komplizierte Phänomene und Fakten leicht verständlich an ein großes Publikum.

Harald Lesch / Ursula Forstner

Wie Bildung gelingt

Ein Gespräch

wbg Paperback

Lieber Willi (Vossenkuhl), ganz, ganz großen Dank,
ohne Dich wäre das Buch nicht entstanden!

Die Deutsche Nationalbibliothek verzeichnet diese Publikation in der
Deutschen Nationalbibliografie; detaillierte bibliografische Daten sind im
Internet über www.dnb.de abrufbar.

wbg Paperback ist ein Imprint der wbg.

© 2021 by wbg (Wissenschaftliche Buchgesellschaft), Darmstadt
2. erweiterte Aufl. 2021 (1. Aufl. 2020)
Die Herausgabe des Werkes wurde durch die Vereinsmitglieder der wbg ermöglicht.

Lektorat: Redaktionsbüro Diana Napolitano, Augsburg
Satz: Melanie Jungels, TYPOREICH – Layout- und Satzwerkstatt,
Nierstein
Einbandabbildung: Porträt von Harald Lesch, Foto: Gerald von Foris
Umschlaggestaltung: Andreas Heilmann, Hamburg
Gedruckt auf säurefreiem und alterungsbeständigem Papier
Printed in Europe

Besuchen Sie uns im Internet: www.wbg-wissenverbindet.de

ISBN 978-3-534-27351-5

Elektronisch sind folgende Ausgaben erhältlich:
eBook (PDF): ISBN 978-3-534-74698-9
eBook (epub): ISBN 978-3-534-74699-6

Inhalt

Vorwort zur (Corona-)Neuauflage oder »Seither …«

» Ich freue mich sehr, Ihnen mitteilen zu können, dass Sie heute auf Platz 25 der Spiegel-Bestseller-Liste stehen.« Diese Nachricht erreichte uns am 10. März 2020. Mit Whitehead auf der Spiegel Bestsellerliste – wer hätte das gedacht! Seither …

Die Welt war eine andere

Es scheinen Welten dazwischen zu liegen, zwischen dem Erscheinen der ersten Auflage unseres Buchs im Februar 2020 und dem Nachdenken über eine Neuauflage für den Herbst 2021. Was wir Ihnen, unseren Leserinnen und Lesern, im noch sehr jungen 2020 anboten, waren zwei Themen, die uns besonders am Herzen liegen: Bildung im Gespräch mit Alfred North Whitehead (1861–1947), unserem »Lieblingsphilosophen«.

Warum wir mit einem toten Philosophen sprechen? Noch dazu mit einem wenig bekannten? Weil Whitehead zeitlos ist; weil er eine Philosophie von allem und jedem entworfen hat, die immer noch gilt und immer mehr gilt, je komplexer unsere Welt wird; weil er nie nach einfachen Lösungen gesucht hat; weil wir ihm eine Stimme geben wollten; weil wir ihn gern gekannt hätten; weil wir diese »Weil-Liste« noch sehr lange fortsetzen könnten …

Wir fingen also an, mit Whitehead zu reden, zunächst über das Thema Zeit[1] – naheliegend, mussten wir doch der Zeit und dem ewigen Vergehen ein Schnippchen schlagen, um Whitehead wieder auferstehen zu lassen. Nun ist das Phänomen Zeit in vielerlei Hinsicht so zeitlos, dass sich bei einem Philosophen, der sich mit allem und jedem befasste und sich noch dazu mit moderner Physik – die seither nicht wesentlich moderner geworden ist – hervorragend auskannte, sicher etwas zeitlos Modernes zur Zeit finden ließ.

Wie aber sieht das bei konkreten, aktuellen Themen aus? Denn das ist es, worum es Whitehead immer ging: das Konkrete, das Individuelle, das Lebendige. Hat Whitehead zu aktuellen Themen des 21. Jahrhunderts wirklich noch etwas zu sagen? Unbedingt, meinen wir! Also redeten wir: miteinander, mit Wilhelm Vossenkuhl und mit Alfred North Whitehead über Bildung, ein Thema, das uns aus vielerlei Gründen unter den Nägeln brannte. Was wir in Whiteheads Schriften zur Bildung[2] fanden, las sich erstaunlich aktuell, als hätte er Pisa-Studien und Bologna-Reformen vorhergesehen.

Was er geschrieben hat, passte – jedenfalls zur Zeit vor März 2020. Dann begann unsere Welt eine andere zu werden. Es gibt nun eine Welt vor Corona, und es wird – so hoffen wir – eine Welt nach Corona geben. Dummerweise befinden wir uns derzeit in einer Welt mit Corona. Was gilt in dieser Welt (noch)? Was nicht (mehr)? Von heute auf morgen wurde aus dem hoch aktuellen Thema Bildung ein höchst aktuelles – ausgelöst durch die Schließung sämtlicher Bildungseinrichtungen im März 2020. Statt Präsenzunterricht gab es Distanzunterricht für alle, für den Erstklässler ebenso wie für die Informatikstudentin im letzten Semester. Und mit dem Distanzunterricht gelangte ein Thema, das bislang nur eins von vielen war, wenn es um Bildung ging, auf die Pole Position: die Digitalisierung der Bildung.

Hätten wir da nicht passen müssen? Auf welcher Basis sollte Whitehead, ein Vertreter einer durch und durch analogen Welt, die gerade mal Telefon und Radio kannte, da mitreden können? Ob wir einfach so tun, als sei Corona nur ein Intermezzo, nach dem wir die Dinge wieder so sehen können wie davor? Nach dem wir Bücher wieder so lesen können wie davor? Also für eine Neuauflage nichts verändern und auf Beständigkeit hoffen? Das wäre schön – und einfach. Aber so ist die Welt nicht!

Nichts, was in der Welt geschieht – und es geschieht ständig etwas –, bleibt ohne Folgen: Das ist die eigentliche Kernaussage von Whiteheads »Philosophie von allem und jedem«. Kurz, eine neue Auflage unseres Buches muss aktuelle Erfahrungen aufgreifen, sonst dürften wir uns gar nicht anmaßen, im Sinne Whiteheads sprechen zu wollen. Muss also ein zusätzlicher Dialog mit Whitehead über Homeschooling, Digitalisierung etc. pp. her? Aber wohin damit? Vornedran, hintendran, mittenrein? Egal wo, es wäre Flickwerk geworden und hätte die ursprünglichen Dialoge entstellt und entwertet. Denn – das sehen wir immer noch so – sie sind zeitlos, also »corona-unabhängig«. Wir haben uns daher dafür entscheiden, sie einzubetten in ein neues Vor- und Nachwort.

Aufgreifen wollten wir auch die unterschiedlichen Reaktionen auf die erste Auflage: »Ja, schon irgendwie gut, aber doch längst Mainstream, eben das gute alte humanistische Bildungsideal.« Aber auch: »Das sollte Pflichtlektüre für alle Lehrerinnen und Lehrer werden.« Oder »Oh, hätte ich Alfred Whitehead nur schon zu meiner Schulzeit gekannt! Ich hätte ihn mit Freuden zitiert!«[3]

Ja, was denn nun? »Längst Mainstream!« oder »Warum nicht so?« Oder gar beides? Haben wir es womöglich mit Wissen über das Wie und Warum von Bildung zu tun, das wenigstens hundert Jahre alt, im Jahr 2020 durchaus Allgemeingut, aber immer noch nicht umgesetzt ist? Schon der erste Teil der Frage bringt neue Fragen: Ist das, was wir zusammen mit Whitehead in unserem Buch vertreten, denn wirklich Allgemeingut? Gilt es unabhängig vom philosophischen Hintergrund und vom humanistischen Menschenbild? Ist es mehr als ein schönes Ideal? Wie viel Realität steckt darin?

An dieser Stelle sind wir Whitehead tatsächlich ein Stück voraus, denn wir haben etwas, das es zu seiner Zeit so noch nicht gab: die Bildungsforschung. Eine vergleichsweise junge Disziplin, die aber bereits eine unüberblickbare Menge an Einzelstudien hervorgebracht hat – leider nur zu oft mit widersprüchlichen Ergebnissen. Je nach Fragestellung und Stichprobe lässt sich scheinbar fast jede Aussage zur Bildung rechtfertigen. So sieht das offenbar auch John Hattie[4].

Im Dialog mit der Bildungsforschung

Den neuseeländischen Bildungsforscher John Hattie treibt seit über 25 Jahren die Frage um, was Lernenden wirklich hilft. Seither sammelt er Studien zur Bildung, analysiert diese und arbeitet unterschiedlichste Einflussfaktoren heraus. Seine Forschung umfasst derzeit mehr als 1.600 Meta-Analysen, die ihrerseits auf knapp 100.000 Einzelstudien mit weltweit über 300 Millionen Schülerinnen und Schülern basieren.[5] Mittlerweile hat er 277 Faktoren gefunden, denen unterschiedliche Effekte auf die Leistungen der Lernenden zugeordnet werden können: vom hohen positiven Einfluss, über wenig bis kaum nachweisbaren Einfluss, bis hin zum negativen Einfluss. Eine Studie mit solch breiter Datenbasis schien uns geeignet zu sein, um zu prüfen, ob Whiteheads Ansatz für gelingende Bildung mehr ist als ein schönes Ideal, nämlich wissenschaftlich belegbar.

Auch auf die Frage, welcher Stellenwert digitalem Unterricht zukommt, erhofften wir uns Antworten von Hattie. Denn trotz aller Weitsicht konnte Whitehead unmöglich die Forderung, den Unterricht in kürzester Zeit zu digitalisieren, vorausahnen. Obwohl – Whitehead konnte zwar nichts von Covid-19 wissen, aber dafür erlebte er die Spanischen Grippe, die sich vor knapp hundert Jahren in drei Wellen über die Welt verbreitete und mehr Todesopfer forderte als der eben zu Ende gehende Erste Weltkrieg. Whitehead war damals Professor für angewandte Mathematik in London. Inwieweit er seine Vorlesungen und Kurse im Pandemiejahr 1918/1919 geben konnte, dazu weiß leider keiner von Whiteheads Biographen etwas. Vermutlich nicht im gewohnten Umfang, zumal – anders als an Covid-19 – besonders junge Leute an der Spanischen Grippe starben, mit einiger Wahrscheinlichkeit auch Studierende von Whitehead.

Was wir dagegen genau wissen: Whitehead war kein Freund des Homeschoolings. Zu viel hatte er davon abbekommen, zu viel lebendiges Miteinander hat er dadurch verpasst. Denn obwohl sein Vater Schulleiter war, wurde er zu Hause unterrichtet bis er fast 15 Jahre alt war. Seine Eltern waren der Meinung, er sei für den regulären Schulbesuch von zu zarter Gesundheit …[6] Was wir auch wissen: Whitehead war alles andere als ein Technikskeptiker, von denen es zu seiner Zeit nicht gerade wenige gab – man denke nur an Heidegger. Whitehead hätte digitale Medien neugierig eingesetzt, aber sicher nicht als Ersatz für Präsenzunterricht, sondern um diesen lebendig zu halten – und damit wären wir wieder bei Hattie und seinen Forschungsergebnissen.

Da Hattie laufend aktuelle Forschungsergebnisse in seine endlose Meta-Studie einbezieht, kommen immer wieder neue Faktoren dazu, während bekannte Faktoren neu gewichtet werden. Hattie ist so stets auf dem neuesten Stand. Die neuesten Entwicklungen im Unterricht haben zweifelsohne mit digitalen Medien zu tun. Entsprechend finden sich bei Hattie inzwischen eine ganze Reihe von Faktoren, die sich auf die Digitalisierung des Unterrichts beziehen, etwa Online- und digitale Hilfsmittel, web-basiertes Lernen, Laptops für jeden Schüler, und ganz aktuell der Einsatz von Technologie im Distanzunterricht. Doch keiner dieser Faktoren schafft es aus dem Mittelfeld heraus. Damit kann ihnen bestenfalls, wenn überhaupt, ein kleiner positiver Einfluss auf das Lernen attestiert werden.

Welche Faktoren sind es nun aber, die Hatties »Hitliste« anführen? Sein Spitzenreiter heißt: »Teacher estimates of achievement«[7]. Auf deutsch leider nicht weniger sperrig übersetzt mit »Leistungseinschätzung durch die Lehrperson«[8]. Was damit gemeint ist, ist sehr nah an Whitehead, denn es geht um das konkrete Handeln von Lehrerinnen und Lehrern[9], und um jede einzelne Schülerin und jeden einzelnen Schüler. Es geht darum, dass die Lehrperson jeden einzelnen Lernenden so sieht, wie er ist, mit all seinen Stärken und Schwächen, und das als Grundlage nimmt für eine individuelle Förderung. Zu einer realistischen Einschätzung der Lernenden kann eine Lehrperson aber nur kommen, wenn sie ihre Schülerinnen und Schüler auch kennt; sie muss die Möglichkeit haben, sie zu beobachten, sie zu befragen; muss sehen, wie sie arbeiten und wie sie mit neuen Herausforderungen umgehen; kurz, muss sie in natura erleben. Dazu ist direkter persönlicher Kontakt die Grundvoraussetzung. Kein digitales Medium kann das leisten – zumindest keins, das derzeit auf dem Markt ist.

Spannend auch der zweite Platz auf Hatties Liste: »Collective teacher efficacy«, damit ist gemeint, dass die Lehrpersonen einer Schule an das glauben, was sie tun; dass sie daran glauben, eine positive Rolle im Leben junger Menschen zu haben. Schließlich der dritte Platz: »Self-reported grades«. Dahinter versteckt sich die Selbsteinschätzung der Lernenden: Wer seine Stärken und Schwächen kennt, kann gezielt daran arbeiten und das ihm Mögliche daraus machen. Auf einem weiteren Spitzenplatz findet sich: »Teacher credibility«, also die Glaubwürdigkeit einer Lehrperson in den Augen der Schülerinnen und Schüler. Sie können dann optimal lernen, wenn sie einen Menschen gegenüber haben, dem sie vertrauen können, an den sie sich wenden können für Feedback, für Hilfe, für Wissen; der sie versteht und sich um sie sorgt. Schülerinnen und Schüler sind dann in ungleich höherem Maße bereit, Aufgaben und Anforderungen zu erfüllen, die von ihnen verlangt werden.

Was brauchen wir demnach, damit Bildung gelingt? Im Wesentlichen »nur« unser Erleben und Wahrnehmen: die Wahrnehmung der Lernenden durch die Lehrperson, die Selbstwahrnehmung der Lehrpersonen, die Selbstwahrnehmung der Lernenden und schließlich die Wahrnehmung der Lehrperson durch die Lernenden – und nichts dabei, bei dem uns die Technik helfen kann, sondern nur das direkte, beobachtende, wohlwollende Umgehen miteinander und mit sich selbst.

Nichts anderes – und auf keinen Fall weniger – fordern wir zusammen mit Whitehead in unseren Gesprächen – oder mit anderen Worten: Whitehead ist auf dem aktuellen Stand der Bildungsforschung!

Guter Unterricht ist der Schlüssel

Was bedeutet das nun für die Digitalistisierung der Schule? Nun zunächst einmal, dass nichts, aber auch wirklich gar nichts, das unmittelbare leibhaftige Miteinander von Schülerinnen und Schülern mit Lehrerinnen und Lehrern ersetzen kann. Dieses Miteinander ist es, das den jungen Menschen wirklich hilft, ihren Weg durch die Schule zu gehen und zwar so, dass es ein guter Weg wird. Und wenn unmittelbares Miteinander nicht möglich ist, so wie in Zeiten einer Pandemie? Dann muss man sich erst einmal klarwerden, dass man sich damit sehr weit von dem, was Schule ausmacht, entfernt, und dass es daher auch nicht möglich ist, in solchen Zeiten all das zu leisten, was in normalen Zeiten erreichbar wäre. Klar muss man alle verfügbare Technik einsetzen, die geeignet scheint, die große Lücke bei den persönlichen Kontakten wenigstens ansatzweise zu überbrücken. Dazu muss diese Technik auch vorhanden sein (Laptops bzw. Tablets etc. pp. für alle Schüler) und sie muss funktionieren (schnelles Internet, WLAN etc. pp.), keine Frage – hier hat Deutschland zweifelsohne Nachholbedarf. Aber man muss auch ganz klar die Grenzen des Möglichen und vor allen Dingen des Wünschenswerten erkennen. Whitehead fordert schon für normale Zeiten »Weniger ist mehr« – in Ausnahmezuständen gilt das erst recht.

Was Hattie zeigt und was Whitehead nicht müde wurde zu predigen, ist, dass wir es im gesamten Bereich Bildung mit Lebendigem zu tun haben: mit Kindern und Jugendlichen einerseits und mit Frauen und Männern andererseits, die sich der verantwortungsvollen Aufgabe verschrieben haben, die ihnen anvertrauten Kinder und Jugendlichen auf ihrem Weg ins Erwachsenenleben zu begleiten. Die Rolle der Lehrerinnen und Lehrer kann gar nicht überbewertet werden. Nur wenn sie in der Lage sind, ihre Schützlinge so zu sehen, wie sie sind, und erkennen, was ihnen helfen kann, und wenn es ihnen zudem gelingt, das Vertrauen der Schüler zu gewinnen, dann kann Bildung gelingen. Und vor diesem Hintergrund sind dann auch sämtliche Medien bzw. Hilfsmittel zu sehen: Bücher oder Internet, Tafel oder Whiteboard, Hefte oder Tablets, Präsenz- oder Distanzunterricht; das alles kann nur so gut sein, wie die Lehrperson, die sie einsetzt. Guter Unterricht ist der Schlüssel. Mit welchen Medien er erreicht wird, ist dabei zweitrangig. Was für eine Aufgabe!

Wir laden Sie, liebe Leserinnen und Leser, nun dazu ein, unseren Lieblingsphilosophen Alfred North Whitehead und seine hochaktuellen Überlegungen zu Bildung näher kennenzulernen.

Ursula Forstner und Harald Lesch
im Frühjahr 2021

Prolog

Bildung, ein hochaktuelles Dauerthema in einer hochkomplexen, sich ständig wandelnden Welt. Ein Thema, das uns alle angeht. Und Whitehead, ein Philosoph aus dem verstaubten viktorianischen England. Auch wenn ihn heutzutage kaum jemand kennt – er hatte höchst interessante Ansichten zum Thema Bildung! So kamen wir dazu, uns mit seinen Ideen zu beschäftigen:

Bildung soll unser Thema sein!

Forstner: Ich kann mich an eine Mail von dir erinnern, wo du nur geschrieben hast: Bildung soll unser Thema sein! Keine Erklärung, keine Erläuterung, nichts.

Lesch: Ja, stimmt ...

Forstner: Bildung soll unser Thema sein! Das scheint für dich so klar und offensichtlich gewesen zu sein, dass ich jetzt doch noch mal wissen will, warum das für dich so klar war.

Lesch: Als ich anfing, Whiteheads Thesen zur Bildung zu lesen, dachte ich: Meine Güte, das ist ja total modern! Dass jemand die Kinder und Jugendlichen als Persönlichkeiten mit ihrer eigenen Entwicklung ernst nimmt, dass er sie nicht als reine Objekte ansieht, die in einer Bildungsmaschinerie nach einer bestimmten Schablone geformt werden müssen. Sondern da ist jemand, der die Würde auch des kleinen, des jungen Menschen so anerkennt, dass er sagt: So, den werden wir jetzt da reinbringen. Wir haben natürlich unsere Vorstellungen, was jemand aus der Schule mitnehmen soll. Aber wie wir das unterrichten, und vor allen Dingen, wie diese Jugendlichen das dann von uns auch beigebracht kriegen, das muss doch sehr viel organischer werden. Das muss viel menschenfreundlicher, viel großzügiger sein. Und als ich seine Thesen las, dachte ich: Das ist eigentlich die ideale Art, wie man mit Schülerinnen und Schülern umgehen muss. Und ich fühlte mich, um ganz ehrlich zu sein, richtig beseelt. Ich dachte: Oh, ja, das ist aber schön, so etwas zu lesen. Ich hatte noch keinen Philosophen bis dahin gelesen, der so wohlwollend mit den jungen Leuten umgeht wie Whitehead. Das fand ich toll! Ich hatte ja selbst schon ein Video[10] gemacht, wo ich mich darüber ausließ, dass das Schulsystem gerade mit Jungs in einem bestimmten Alter[11] nicht mehr gerecht umgeht, denn da müssen die einfach anders behandelt werden. Anstatt sie einzusperren muss Sport her, es muss Kunst, es muss Musik her, die Ausdrucksmöglichkeiten müssen stärker werden! Und da fand ich eben, da müssen wir mal was drüber schreiben!

Forstner: Das heißt, das Thema Bildung und die Idee, dazu etwas zu schreiben, rumort schon viel länger in dir herum, also weit über die Idee mit Whitehead hinaus?

Lesch: Ja, stimmt. Meist fängt es bei mir so an: Ich hab eine Meinung, ich ändere die Meinung, ich hab dann Gespräche, es gibt viel zu diskutieren. Das Thema Schule und damit auch das Thema Bildung ist ja vor allen Dingen unter Eltern irgendwann Dauerthema, und in Bayern zumal …

Forstner: Wem sagst du das!

Lesch: Und man merkt, es gibt einen Konsens unter allen. Zum Beispiel die Sache mit der Zeit, dass man Kindern Zeit lassen muss. Aber in dem System ist es genau andersherum: Die kommen da rein, und dann ist festgelegt, was läuft, und zwar ohne Wenn und Aber. Besonders schlimm wurde es dann, als es auch noch beschleunigt wurde. Als man angefangen hatte, so richtig Gas zu geben. Da hatte ich erst mal ein logisches Problem damit, weil ich auf der einen Seite in den Statistiken hörte, wir werden immer älter, die Lebenserwartung wird immer größer. Und gleichzeitig beschleunigen wir die Schule und für die einen oder anderen dann sogar den Universitätszugang. Ja, warum denn bloß?

Forstner: Um immer früher fertig zu werden …

18

Lesch: Ja, genau!

Forstner: ... für den Arbeitsmarkt letztlich.

Lesch: Warum denn bloß? Um dann wieder nach ein paar Jahren von zum Beispiel industrieller, also ökonomischer Seite zu hören: »Die Leute, die wir da kriegen, die haben ja gar keine Lebenserfahrung!« Also, wie soll man Lebenserfahrung machen, wenn man keine Lebenserfahrung machen darf? Und Schule soll ja auch darauf vorbereiten, mit Lebenserfahrung umzugehen. Sie soll eine Persönlichkeit so bilden, dass sie aus sich heraus, also aus ihren inneren Motiven heraus mit der Welt umgeht: Eine Person sollte wissen, wo sie herkommt, also die Tradition der eigenen Kultur kennen. Sie sollte aber auch wissen, dass die eigene Herkunft rein zufällig ist, sie hätte auch ganz woanders auf die Welt kommen können. Und sie sollte erkennen, was wichtig und was nicht wichtig ist: Prioritätensetzung! Das muss man ja alles erfahren, und nicht: Da, das ist jetzt das Wichtigste, schreib das mal auf!

Forstner: Das steht auch alles nicht wirklich im Lehrplan.

Lesch: Genau! Und ich fand, dass die Thesen von Whitehead genau darauf abzielen, einen »lebensfähigen« Menschen aus der Schule zu entlassen, der in der Lage ist, lebensweltlich vernünftig zu handeln. Als ich das zum ersten Mal las, dachte ich: Der hat in mein Hirn geguckt, ich hab's nur nicht gewusst.

Forstner: Das kann Whitehead gut, die Themen, die in einem immer schon rumoren, auf den Punkt zu bringen. Auch wenn man ihm eigentlich vorwirft, dass er nicht besonders gut mit Sprache umgehen konnte, ich habe es immer anders empfunden.

Lesch: Ja, es ging mir mit Whitehead so: Ich wusste genau, was er sagt; ich verstand ihn nicht immer, aber das, was zwischen den Zeilen steht, sein Motiv, das schien mir auch mein Motiv zu sein. Und Bildung halte ich für eines der wichtigsten Themen. Ich glaube, dass Bildung und Gerechtigkeit ganz wichtige Stützpfeiler einer jeden Gesellschaft sind, insbesondere einer Gesellschaft, die so sehr unter technologischem, ökologischem Einfluss und Druck steht wie die westliche. Wenn es uns nicht gelingt, unsere jungen Leute wirklich ernst zu nehmen und ihnen zu helfen, so heranzuwachsen, dass sie immer noch und hoffentlich auch immer besser und nachhaltiger mit dieser ständig komplizierter und komplexer werdenden Welt umgehen können, dann weiß ich nicht, ob uns eine gedeihliche Zukunft für alle erwartet. Allein die »Mount Everests« Klimawandel und Energiewende, aber auch der zunehmende Einfluss der digitalen Technologien in Hard- und

Software sind gewaltige Herausforderungen, vor denen die nächsten Generationen stehen. Niemand ist geübt darin, in solche Höhen zu gehen und wir, also meine Generation, sind den steilen Weg zu einem zufriedenstellenden Umgang mit der immer drängender werdenden Bedrohung und zu Lösungen und Anpassungen nicht gegangen. Aber unsere Kinder und Enkel werden in diese Höhen gehen müssen, vielleicht sogar ohne Sauerstoffmaske. Und da möchte ich auf jeden Fall, dass sie die inneren Kräfte besitzen, um vor solchen Herausforderungen nicht zu kapitulieren. Eine Form der Kapitulation ist der Weg in nationalistische Abgrenzungsparteien, die einfach behaupten, es gäbe den Klimawandel nicht, und deshalb könne man einfach so weitermachen wie bisher. Aber auch diejenigen, die meinen, man sollte sich der Digitalisierung als einer völlig alternativlosen Entwicklung widerstandslos hingeben, sollten durch entsprechende Regulierungsmaßnahmen eingehegt und gebändigt werden. Für den Zustand einer liberalen, offenen demokratischen Gesellschaft ist es ganz wichtig, an die Verantwortung des Einzelnen, quasi an seine moralische Substanz zu erinnern, die die Grundbedingung für eine funktionierende, freiheitlich demokratische Grundordnung darstellt. Für mich hat es am deutlichsten der deutsche Verfassungsrichter Ernst-Wolfgang Böckenförde formuliert:»Der freiheitliche, säkularisierte Staat lebt von Voraussetzungen, die er selbst nicht garantieren kann.«[12] Das ist das Wagnis der Freiheit, das er eingehen muss. Ansonsten wird er zum totalitären Staat. Dazu, dieses Wagnis einzugehen, gehört nicht nur Mut, sondern auch die Souveränität – dass man weiß, wofür man steht als Demokratin und Demokrat. Und zu einer erfolgreichen Demokratie gehören moralisch handelnde, aufgeklärte Individuen, mit anderen Worten: gebildete Menschen. Deswegen halte ich das Thema Bildung für eins der wichtigsten Themen, die es überhaupt gibt.

Und Whitehead?

Forstner: Und Whitehead stand für uns eigentlich immer fest, nicht!?

Lesch: Ja, klar!

Forstner: Wollen wir dazu noch ein paar Sätze verlieren? Weil Bildung für viele – und wahrscheinlich für alle, die Kinder haben – ganz selbstverständlich ein Thema ist. Aber warum Whitehead?

Lesch: Weil Whitehead jemand ist, der Fragen stellt und Probleme thematisiert, ohne sie direkt anzusprechen. Er hilft uns, Hoffnung zu behalten. Er hilft uns, aus der Vergangenheit genauso zu lernen, wie eine Zukunft zu erwarten, wo noch etwas möglich ist. Whitehead ist für mich wirklich ein Hoffnungsträger! Er trägt in seiner Prozessmetaphysik immer die Möglichkeit des Neuen mit, und er sieht den Menschen als ein Initium,

22

als einen Anfang. Denn jeder Mensch ist für ihn immer wieder ein Anfang. Und deswegen kann er auch Initiative ergreifen. Er kann von sich aus etwas Neues schaffen. In der europäischen Philosophie war dagegen bis zur Aufklärung Philosophie die Kunst zu sterben, ars moriendi: »Man ziehe sich zurück und lasse alle Welt los …« Nicht so Whitehead! Er ist einer, der mitten im Leben steht, ihn interessiert die ars vivendi, die Kunst des Lebens. Einer, der dann auch weitermacht, einer, der sieht, dass es weitergehen wird. Er ist ein Hoffnungsträger!

Forstner: Er bleibt auch immer Optimist … durch zwei Weltkriege hindurch und immer …[13]

Lesch: Er hat einiges erlebt, genau, und da Optimist zu bleiben, gerade bei diesen katastrophalen Entwicklungen, bei denen er mit dabei war … Ich muss es einfach noch mal sagen: Whitehead ist ein Hoffnungsträger! Es gibt von Tomáš Halík, einem tschechischen Theologen, einen wunderschönen Ausspruch des Inhalts: »Hoffnung ist eine Art der Geduld mit Gott. Glaube, Liebe und Hoffnung sind drei Arten der Geduld mit Gott.«[14]

Forstner: Das ist schön.

Lesch: Und Halík sagt dann weiter, dass die Atheisten nur einfach noch nicht genügend Geduld mit Gott haben. Ich glaube, Whitehead hatte unglaublich viel Geduld, mit den Menschen und mit Gott. Er hatte vielleicht nicht genügend Geduld mit sich, um Dinge so zu formulieren, dass man sie auch wirklich, ich will mal sagen »relativ schnell« versteht, nachdem man sie gelesen hat, um nicht zu sagen »sofort«.

Forstner: Er las ungern Korrektur. Wenn er etwas zu Papier gebracht hatte, war die Sache für ihn erledigt. Da schaute er nicht noch mal drauf.

Lesch: Das kann ich teilweise sehr, sehr gut nachvollziehen. Idee gehabt, aufgeschrieben und fertig. Dann kommt aber erst die Feinarbeit am Text. Und hier neige ich dann dazu, einfach zu sagen: »Kommt lasst mich in Ruhe, jetzt ist es gut!« Aber was das Entscheidende ist: Whitehead schafft es, eben nicht nur das zu sehen, was man bei einer Inventur sehen würde. Dann hätte man eine Objektklasse, die man nach bestimmten Kriterien irgendwie ordnet. Er fragt auch nicht einfach: »Wie gewinne ich Erkenntnis?« Darüber könnte man sich zum Beispiel ja auch Gedanken machen, gerade wenn es um Bildung geht. Sondern Whitehead hat eben diese Gabe, die Themen in ihrem Verlauf zu sehen. Wahrscheinlich war Heraklit immer in seiner Nähe: Panta rhei[15], die Dinge sind im Fluss, und es kann sich im nächsten Moment schon alles wieder ändern. Es wird sich hoffentlich nicht so ändern, dass es zur Katastrophe wird. Aber es wird sich etwas tun, es werden Veränderungen stattfinden. Das finde ich natürlich auch als Physiker so herrlich an ihm! In der beginnenden Neuzeit gab es ein Problem damit, dass die newtonschen Gesetze nicht richtig funktionierten. Kritische Stimmen sagten: »Da muss ja Gott ständig in den Keller runter und muss nachdrehen!« Kommt er unten aus dem Keller raus, fragt er: »Und? Funktioniert's jetzt? Nein? Dann muss ich noch mal nachdrehen!« Also, der Prozesscharakter von allem, was da ist, auch der Prozesscharakter der wissenschaftlichen Forschung selbst, ist für mich eine wirklich zentrale Erkenntnis. Niemand hat das so betont wie Whitehead. Und keiner hat es dann so eng mit moderner Wissenschaft verknüpft wie er, keiner! Er war der Einzige, der all diese wissenschaftlichen Entwicklungen des frühen 20. Jahrhunderts ernst genommen hat.

Forstner: Dabei war er eigentlich Mathematiker.

Lesch: Genau, und nicht alle Mathematiker nehmen Naturwissenschaften ernst. Viele glauben, ihre Strukturwissenschaft schwebe über allem. Whitehead dagegen hat über die Relativitätstheorie, über die Kosmologie, über die Quantenmechanik nachgedacht. Er war überall dabei! Hier in Kontinentaleuropa gab es dagegen praktisch keine Philosophen, die sich damit auseinandersetzten.

Forstner: Und trotzdem sind die alle bekannt: Ein Wittgenstein ist hoch gelobt. Einen Whitehead kennt niemand. Vielleicht war er wirklich zu schwierig?

Lesch: Ich hab mit Wolfram Eilenberger darüber gesprochen, warum es denn kein Whitehead-Buch gibt. »Ja«, sagt er, »das ist einfach zu …« Ich sollte mal einen Vortrag über Whitehead halten bei dem Philosophie-Festival in Köln, den phil. cologne-Tagen. Wolfram Eilenberger hatte das als Organisator vorgeschlagen. Seine Mitorganisatoren hielten Whitehead aber schlicht für zu kompliziert und haben es abgelehnt. Eilenberger hat sogar gesagt: »Aber der Lesch, der erzählt das doch.« – »Nein, nein, das schafft der Lesch auch nicht.« – So, und wir schaffen das jetzt eben doch!

Forstner: Ja, wir machen das jetzt einfach.

Lesch: Das find ich großartig, das find ich wunderbar!

Gespräche über Bildung

Gott oder Bildung?

Whitehead: Sehen Sie, Sie haben es geschafft!

Forstner: Ja, auch wenn ich zwischendurch fast nicht mehr daran geglaubt habe.

Whitehead: Aber Sie haben es trotzdem weiter versucht, und Sie haben es geschafft.

Forstner: Ja, und ich habe Ihnen wieder ein Gespräch mitgebracht.[16]

Whitehead: Wunderbar, ich sehe schon, Sie haben auch wieder dieses erstaunliche Gerät dabei. Und damit haben Sie mir ein Gespräch aus Ihrer Zeit aufgezeichnet? – Wir wollten über Gott reden, nicht?[17]

Forstner: Ja, wollten wir – und ja, ich habe Ihnen ein Gespräch mitgebracht, aber leider nicht über Gott.

Whitehead: Ah, da drückt der Schuh. Sollte er aber nicht! Es gibt so viele Themen, so viele Interessen, so viele Möglichkeiten, wie sollte man sich da schon Monate vorher auf irgendeine einzelne Frage festlegen?

Forstner: Na ja, die Gottesfrage ist ja nun nicht irgendeine Frage.

Whitehead: Das sicherlich nicht, aber ich nehme mal an, dass es da ein anderes Thema gibt, das Ihnen gerade wichtiger ist?

Forstner: Ja …

Whitehead: … dann sollten Sie auch dazu stehen! Vielleicht habe ich es bisher noch nicht deutlich genug gesagt: Ich freue mich wirklich über Ihre Besuche, und jeder neue Impuls ist mir willkommen. Also, worüber wollen wir reden?

Forstner: Was mich derzeit umtreibt, ist der Schulwechsel meiner Tochter von der zweiten Klasse einer Montessorischule in die dritte Klasse einer Regelschule.

Whitehead: Sie wollen mit mir über Schule reden?

Forstner: Über Bildung.

Whitehead: Bildung? Ich muss zugeben, das verblüfft mich jetzt doch etwas, dass Sie darüber ausgerechnet mit mir reden wollen. »Zeit«, »Gott« – das sind ewige Themen, zu denen auch ein Vorgestriger wie ich immer noch etwas zu sagen hat. Aber Bildung?

Forstner: Sie haben einiges zu Erziehung und Bildung gesagt und geschrieben.

Whitehead: Das schon, aber das ist für jemanden, der nahezu sein gesamtes Leben an englischen und amerikanischen Universitäten verbracht hat, keine besondere Leistung. Außerdem ist alles, was ich dazu gesagt und geschrieben habe, auf das englische Bildungswesen des späten 19. und frühen 20. Jahrhunderts gemünzt. Ich glaube wirklich nicht, dass das noch irgendeine Bedeutung für Ihre Gesellschaft hat.

Forstner: Ich schon! Und nicht nur ich: Ihre Aufsatzsammlung »The Aims of Education« ist erst vor wenigen Jahren in meine Sprache übersetzt worden und hat durchaus Beachtung gefunden.

Whitehead: Wirklich? Nun, Evelyn war ohnehin der Meinung, dass das mit das Beste war, was ich je geschrieben habe.[18]

Forstner: Eine kluge Frau!

Whitehead: Ja, das war sie – auch wenn sie in den akademischen Kreisen meiner Generation nicht als gebildet galt, zumindest nicht im klassischen Sinne.[19] Darunter hat sie sehr gelitten …

Forstner: … und da sind wir doch schon mitten im Thema!

Whitehead: Also gut, überredet. Versuchen wir's!

Forstner: Dann darf ich die Aufnahme starten?

Whitehead: Ich bitte Sie darum.

Whitehead weiß gar nicht, was Bildung ist

Lesch: Wunderbar! Ich hoffe, dass das Ding gut aufnimmt und ich lege es vor allen Dingen nahe zum Willi: Ja, dann wollen wir mal gucken. Für alle Beteiligten …

Vossenkuhl: Whitehead weiß eigentlich gar nicht, was Bildung ist, weil es das Wort im Englischen gar nicht gibt.

Forstner: Nur das Wort »education«.

Vossenkuhl: Ja, »education« …

Forstner: … das bedeutet »Erziehung« – und aber auch »Bildung«.

Vossenkuhl: Ja, aber »Bildung« im Deutschen und »Paideia« im Griechischen, das gibt es im Englischen nicht. Aber er hat es gut umschrieben …

Lesch: »Eigentlich weiß Whitehead gar nicht, was Bildung ist«, das ist doch schon mal ein Anfang.

Forstner: Oh, Entschuldigung, das war …

Whitehead: … nicht für meine Ohren bestimmt, oder?

Forstner: Nein, natürlich nicht, das ist mir wirklich peinlich. Ich dachte, ich hätte diese Stelle gelöscht.

Whitehead: Ich bin froh, dass Sie das nicht haben.

Forstner: Dann wollen Sie auf diesen Vorwurf antworten?

Whitehead: Selbstverständlich, auch wenn ich es gar nicht als Vorwurf empfinde, denn er hat recht. Aber verraten Sie mir vorher noch, wer da recht hat?

Forstner: Den einen kennen Sie bereits: Professor Harald Lesch.

Whitehead: Ja, die eine Stimme kam mir bekannt vor, schon fast vertraut. Schön, dass Sie ihn wieder mitgebracht haben. Die andere Stimme kenne ich aber noch nicht, oder?

Forstner: Nein, die gehört Professor Wilhelm Vossenkuhl. Er ist Philosoph wie Sie.

Whitehead: »Herzlich willkommen!« würde ich jetzt gern sagen.

Forstner: Warum auch nicht! – Prof. Vossenkuhl meint also, Sie wüssten gar nicht, was Bildung ist.

Whitehead: Weiß er es denn so genau? Auch wenn seine Sprache hier vielleicht wirklich mehr hergibt als das Englische.

Forstner: Sie meinen, auch mit dem deutschen Wort »Bildung« anstelle des englischen »education« ist noch nicht gesagt, um was es wirklich geht?

Whitehead: Ja, das meine ich. Es soll ja Menschen geben, die in Worten und Begriffen denken.[20] Ich für meinen Teil musste für meine Gedanken und Ideen immer erst mühsam nach Worten suchen.[21] Wenn ich dann endlich einen vermeintlich passenden Begriff gefunden hatte, war es mir stets ein Bedürfnis, diesen noch mal zu interpretieren, zu ergänzen oder auch wieder zu ändern, damit ich wenigstens halbwegs meine Ideen beschreiben konnte.

Forstner: Heißt das, Ihre Gedanken und Ideen sind größer als unsere Begriffe?

Whitehead: Ja, sicher! Aber nicht nur meine, sonst würden wir alle ja nur noch einzelne Begriffe von uns geben und jede Erklärung, jedes Gespräch hätte sich erübrigt. Das wäre schade!

Forstner: Ja, so gesehen … Sie halten also nichts von der einen gültigen und verbindlichen Definition für einen Begriff, sodass jeder weiß, worum es geht?

Whitehead: Das halte ich tatsächlich für ein lebensfernes Ideal. Sprache verändert sich, erneuert sich, und das ist großartig, aber auch anstrengend, weil man immer wieder erklären muss, was man wie meint.

Forstner: Wenn wir jetzt zurück zur Bildung gehen, welche Begriffe gehören da auf jeden Fall dazu, um Ihre Ideen und Gedanken vollständig ausdrücken zu können?

Whitehead: Mit der Vollständigkeit ist das so eine Sache … Aber ich brauche auf jeden Fall noch eine Reihe weiterer Begriffe, angefangen von »Wissen« und »Information« über »geistige Entwicklung« bis hin zur Begriffen wie »Kultiviertheit«, »Stil« und »Weisheit«. – Mit den letzten drei können Sie womöglich in Ihrer Zeit nicht mehr viel anfangen, oder?

Forstner: Na ja, Kultiviertheit und Stil: Ich weiß nicht so recht … Aber bei Wissen und Weisheit können wir sofort in das Gespräch zwischen Prof. Vossenkuhl und Prof. Lesch einsteigen.

Vossenkuhl und Lesch wissen nicht, was Wissen ist

Lesch: Wir haben ja schon mal – ich weiß nicht, ob du dich noch erinnerst – so einen wunderschönen Abend damit verbracht, auseinanderzuklamüsern, was der Unterschied zwischen Wissen und Weisheit ist.[22]

Vossenkuhl: Ja, stimmt!

Lesch: Das war …

Vossenkuhl: …unvergessen!

Lesch: Ich weiß noch, dass ich dasaß und dir mit offenem Mund zuhörte, weil ich mir vorher, ehrlich gesagt, so noch nie Gedanken darüber gemacht hatte. Und der Unterschied ist ja ziemlich dramatisch!

Vossenkuhl: Natürlich, ja! Und der Unterschied ist nicht nur deswegen gewaltig, weil man nicht so genau weiß, was Wissen eigentlich ist.

Lesch: Aha!?

Vossenkuhl: Und weil man auch nicht so genau weiß, was Weisheit eigentlich ist. Beides ist ja etwas schillernd. Aber man weiß vermutlich mehr über die Weisheit als über das Wissen.

Whitehead: Da haben Sie es! Mit bloßen Begriffen können auch meine Kollegen nichts anfangen. Wissen, Weisheit, Bildung: Das steht nicht für sich selbst, das müssen wir erst mit unseren Ideen füllen.

Lesch: Ich will dich noch mal anders befragen: Wir alle reden über Wissensgesellschaft, niemand redet über Weisheitsgesellschaft. Wir reden über Weisheitszähne, aber nicht über Weisheitsgesellschaft.

Vossenkuhl: Ja, das liegt daran, dass wir uns einbilden, wir wüssten, was Wissen ist. Das würden wir bei der Weisheit aber nicht sagen, denn Weisheit klingt verstaubt, verzopft, irgendwie von gestern. Aber Wissen, das hat Konjunktur! Man kann ja sogar nachlesen, dass jedes Jahr die Wissensmenge um den Faktor weiß-nicht-wie-viel steigt, weil die Leute immer denken, dass das, was ihr Naturwissenschaftler macht und was die Techniker so alles kreieren, das sei Wissen. Natürlich, das ist Wissen, das dürfen wir auch so nennen, aber eigentlich ist Wissen das, was bestätigt werden kann, was wir selbst bestätigen können.

Lesch: Ja!?

Vossenkuhl: Ja, und da geht es schon mal los! Ich meine, von dir weiß ich etwas über die Lichtgeschwindigkeit, das Plancksche Wirkungsquantum und Ähnliches, aber ich hab überhaupt keine Ahnung, was das genau ist. Aber ich rede darüber und tu so, als wüsste ich es. Und so ist es eigentlich fast immer! Wenn du mich fragst, wie viel Uhr es ist, da guck ich auf meine Armbanduhr und sag dir das. Aber ich bin mir nicht sicher, oder ich kann mir gar nicht sicher sein, ob das stimmt, denn vielleicht ist sie stehen geblieben.

Lesch: Klar!

Vossenkuhl: Ja!? Also, mit dem Wissen … wir bilden uns da viel ein. Bei der Weisheit dagegen ist es so, dass ich nicht über etwas reden kann – wenn ich gefragt werde, was ist das? –, wovon ich überhaupt keine Ahnung habe. Das heißt, Weisheit braucht ein Urteil, und zwar mein eigenes Urteil, nicht das Urteil von Max Planck oder von dir oder von sonst jemand. Und das macht die Sache so schwierig.

Lesch: Braucht man auch ein Vorurteil, um weise zu sein? Also, dass man bevor man das Urteil trifft, schon ein Vorurteil hat?

Vossenkuhl: Nein. Bei der Weisheit nicht. Das ist eher beim kognitiven Urteil so, also wenn mich jemand fragt, ist der und der ein guter Mensch oder ist der und der ein guter Wissenschaftler, dann hab ich meistens erst mal ein Vorurteil – und dann urteile ich.

Lesch: Also ich hab gestern meine beiden Redakteurinnen dafür kritisiert, dass sie in einem Beitrag, den wir demnächst präsentieren werden, immer von Wissen reden und nicht von Information. Ich hab ihnen gesagt: Wisst ihr, der Mensch ist das Instrument, in dem Information zu Wissen zusammenlaufen kann, aber alles, was wir von außen kriegen, sind immer nur Informationen, die wir dann über alle möglichen Korrelationen, die in unserer Tradition und unseren Genen oder sonst wo drinstecken, in so eine Art von Orientierungsnetz bringen,

und daraus wird für uns Wissen. Dann weiß ich, aha, die Uhr geht, und außerdem ist die Sonne draußen. Wenn die mir aber zeigen würde, es wäre nachts um vier Uhr, würde ich sagen: »Hallo, Moment mal, jetzt geht sie falsch!« – Würdest du mir da zustimmen?

Vossenkuhl: Das hast du sehr genau beschrieben. Also, wir brauchen einen Rahmen, innerhalb dessen wir uns – was das Wissen angeht – bewegen können.

Totes Wissen? Ich protestiere!

Forstner: Ein Rahmen für das Wissen. Ist das nicht ganz auf Ihrer Linie?

Whitehead: Durchaus, denn ohne Rahmen haben wir nur Informationsschnipsel, mit denen wir nicht viel anfangen können. Ein bloß gut informierter Mensch ist der nutzloseste Langweiler auf Gottes Erde.[23]

Forstner: Oh, so harte Worte sind wir von Ihnen ja gar nicht gewohnt …

Whitehead: Ja, ich weiß, ich galt schon als gütiger Weiser, da war ich noch keine 60 Jahre alt.[24]

Forstner: Manch einer soll Sie sogar »Cherub« genannt haben.[25]

Whitehead: Auch das. Doch warum sollte ein alter Engel nicht gelegentlich sagen dürfen, was ihm nicht gefällt auf Gottes Erde? Und gerade am Bildungswesen meiner Zeit hatte ich viel auszusetzen.

Forstner: Ihr Protest richtete sich immer wieder gegen totes Wissen. Was genau haben Sie damit eigentlich gemeint?

Whitehead: Totes Wissen ist Wissen, dem genau dieser Rahmen fehlt, von dem mein Kollege Vossenkuhl spricht. Und dieser Rahmen kann nichts anderes sein als das Leben selbst. Nehmen Sie noch einmal das Beispiel von eben mit der Uhrzeit. Ohne Einordnung in einen lebendigen Zusammenhang bliebe die Information »vier Uhr« eine reine Abstraktion, aus der nichts weiter folgt. Erst unser Eingebundensein in lebendige Zusammenhänge macht aus abstrakten Informationen lebendiges Wissen.

Forstner: Wenn ich also im Spätsommer aus der Zeitangabe vier Uhr schließe, dass ich für den Abend besser eine Jacke mitnehme, weil es bald kühler werden wird?

Whitehead: Ja, da wissen Sie etwas, eben weil es Bezug zu Ihrem unmittelbaren Leben hat. Und dieser Bezug zum Leben wurde zu meiner Zeit in den Schulen völlig vernachlässigt. Sicher hat sich da inzwischen viel getan.

Forstner: Wenn Sie da mal Ihre Weitsicht nicht im Stich lässt! Außerdem glaube ich, dass Prof. Vossenkuhl mit dem Rahmen für das Wissen etwas anderes meint als den Bezug zum Leben. Sollen wir uns das kurz anhören, bevor wir weiter protestieren?

Whitehead: Auf jeden Fall.

Lesch: Wir brauchen also einen Rahmen, in dem wir uns einigermaßen sicher sein können, dass wir Wissen haben und nicht nur Informationen.

Vossenkuhl: Ja, du kannst als Physiker nicht ständig die Grundlagen deiner Wissenschaft infrage stellen und grübeln, so wie ein Philosoph.

Lesch: Aber ein Philosoph kann ständig die Grundlagen seiner Wissenschaft infrage stellen.

Vossenkuhl: Natürlich!

Lesch: Er muss es sogar …

Vossenkuhl: … weil er gar nichts Besseres kann! Und deswegen geht es da auch nicht weiter. Deswegen gibt es in der Philosophie für die Grundfragen keinen Fortschritt. In den ganzen wissensbezogenen Bereichen muss es natürlich Forstchritt geben, sonst rentiert es sich gar nicht, dass man da arbeitet.

Forstner: Prof. Vossenkuhl hat hier offenbar als Rahmen für das Wissen nicht das Leben selbst im Sinn, sondern die jeweilige Wissenschaft, zu der das Wissen gehört: So etwas wie mehr oder weniger gesichertes Expertenwissen.

Whitehead: Ja, aber das ist kein Widerspruch: Wir Menschen sind von Natur aus Spezialisten, das gehört zu unserer Lebendigkeit dazu. Wo der eine ein faszinierendes Thema sieht, kann der andere nur unzusammenhängende Beispiele finden. Nehmen Sie das Expertenwissen der Physik: Eine faszinierende lebendige Disziplin für den, der nach der Entstehung des Universums fragt, aber lediglich eine Anhäufung von toten abstrakten Formeln für den, der den Hunger in der Welt bekämpfen möchte. Lebendigkeit bedeutet Vielfalt, und die vielen verschiedenen Disziplinen resultieren aus dieser Vielfalt. Kurz, der Rahmen für Wissen ist das Leben in all seinen Facetten und Spezialisierungen. Ich bin mir sicher, dass man schon bei Kindern und Jugendlichen Lebendigkeit zerstört, wenn man in den Schulen nicht früh genug Expertenwissen zulässt.[26]

Exkurs: Fußnoten zu Platon

Forstner: Darf ich kurz vom Thema abschweifen?
Whitehead: Sicher!
Forstner: Ihre Kollegen sprachen eben auch vom Fortschritt in den Wissenschaften und davon, dass es in der Philosophie keinen Fortschritt gibt. Wie sehen Sie das?
Whitehead: Ich bin mir noch nicht einmal sicher, ob wir überhaupt ein Kriterium haben, um sagen zu können, das ist Fortschritt und das ist keiner.
Forstner: Aber müssten Sie als Vertreter einer Philosophie des Werdens nicht davon ausgehen, dass es Fortschritt gibt, den man dann auch feststellen kann?
Whitehead: Nein, nicht unbedingt, obwohl ich zugeben muss, dass es die Sache einfacher machen würde.[27]
Forstner: Das müssen Sie mir aber jetzt erklären. Wenn mich bis eben jemand gefragt hätte, ob Whitehead an Fortschritt glaubt, hätte ich ohne zu zögern »Ja« gesagt.

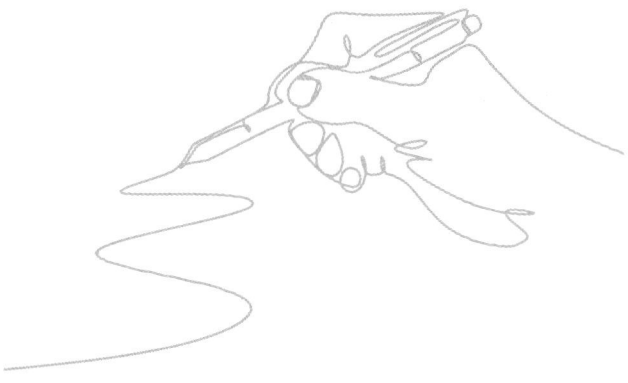

Whitehead: Und wahrscheinlich hätten Sie damit sogar das Richtige gemeint. Mir ist nur wichtig festzuhalten, dass es mir nicht um einen linearen Fortschritt im Sinne von besser, schöner, größer, reicher geht. Alles, was wir feststellen können, ist ein Fortschreiten im Sinne von dauerndem Werden, von stetiger Veränderung. Aber das sagt noch lange nicht, dass Veränderung auch immer Besseres bringt, sie bringt erst einmal nur Neues.

Forstner: Jetzt fehlt mir aber Ihr Optimismus, Ihr Glaube an die Zukunft.

Whitehead: Keine Angst, den mische ich gleich wieder dazu. Das dauernde Werden, das immer wieder Neues bringt, sorgt vor allem für Vielfalt, und die halte ich tatsächlich für gut.

Forstner: Viel hilft viel!? Aber das ist doch …

Whitehead: … Unfug, ganz klar! Mir geht es nicht um »viel«, sondern um »Vielfalt«. Nur realisierte Vielfalt kann sicherstellen, dass auch alle guten Dinge in die Welt kommen und nicht nur reine Möglichkeiten bleiben.

Forstner: Aber das heißt doch andererseits auch, wo sich aufgrund der Vielfalt viel Gutes findet, findet sich auch viel Schlechtes. Dann ist doch nichts gewonnen!?

Whitehead: Vermutlich nicht, wenn Sie kein Optimist sind, denn hier brauchen wir ihn wieder, den Optimismus. Die schier endlosen Möglichkeiten, die wir uns vorstellen können – ganz zu schweigen von jenen Möglichkeiten, die jenseits unserer Vorstellung liegen –, sind erst einmal weder gut noch böse. Sie sind lediglich das Ergebnis reiner Kreativität. Und hier kommt Gott ins Spiel: Er ordnet die Möglichkeiten. Er gibt unserer Welt der ausgedehnten Dinge Vorrang vor einer Welt ohne Körper, die ja rein hypothetisch auch möglich wäre. An dieser Stelle zieht Gott sich zunächst etwas zurück: Er stellt uns frei, welche Möglichkeiten wir innerhalb unserer Welt verwirklichen. Statt einzugreifen, lebt er jede realisierte Möglichkeit mit und oft genug leidet er mit uns. Aber, und das ist das Entscheidende, er ordnet weiter: Nach jeder realisierten Möglichkeit bietet er uns weitere darauf abgestimmte Möglichkeiten an. Jetzt ist es an uns, so zu wählen, dass die »schlechten« Möglichkeiten irgendwann nicht mehr zur Option stehen.

Forstner: Ein Beispiel?

Whitehead: Sklaven.

Forstner: Verstehe ich nicht.

Whitehead: In der Vielfalt der Möglichkeiten, die unsere Welt zulässt, findet sich auch jene der Sklavenhaltung. Lange Zeit fanden die Menschen daran nichts Verwerfliches. Die ganze Antike hätte ohne Sklaven nicht stattgefunden. Weder Platon noch Aristoteles kam in den Sinn, dass damit etwas falsch sein könnte, trotz aller Humanität in ihrem sonstigen Denken.[28]

Forstner: Heute ist Sklavenhaltung weltweit geächtet. Trotzdem gibt es sie punktuell immer noch.

Whitehead: Aber Sklavenhaltung ist insgesamt zu einer recht unwahrscheinlichen Option geworden. Mit anderen Worten: Je mehr die Menschen sich gegen diese Möglichkeit entschieden haben, desto weiter nach hinten hat Gott sie gestellt, sodass sie letztendlich nicht mehr als akzeptable Möglichkeit in Erscheinung tritt. Kurz, wir können die Vielfalt, wir können den Raum der Möglichkeiten – oder nennen wir es ruhig »Gott« – beeinflussen und zwar zum Guten.

Forstner: Jetzt sind wir tatsächlich wieder bei der Gottesfrage angelangt. Ihr Gottesbild ist ja schon recht speziell … Dabei wollte ich doch nur wissen, was es mit dem Fortschritt in der Philosophie auf sich hat.

Whitehead: Da bin ich wohl wieder abgeschweift …

Forstner: Ich denke gerade an Ihr wohl bekanntestes Zitat, das mit den »Fußnoten zu Platon«. Das wird meist so interpretiert: Es gibt keinen Fortschritt in der Philosophie, denn die ganze europäische Philosophiegeschichte besteht aus nichts weiter als Fußnoten zu Platon.[29]

Whitehead: Ja, leider, da hab ich mich wohl wieder mal nicht klar genug ausgedrückt. Aber ich versuche gern, dieses Missverständnis aufzuklären: Die philosophischen Fragen, die uns heute beschäftigen, sind tatsächlich noch die gleichen, die schon Platon umhertrieben, aber die Interpretation, der Umgang mit diesen Fragen ist durchaus vielfältiger geworden, schon allein aufgrund des Expertenwissens, das wir in vielen Bereichen jenseits der Philosophie dazu gewonnen haben. Die Fortschritte in den Naturwissenschaften, in der Medizin, in der Psychologie, in den Sozial- und Wirtschaftswissenschaften haben auch die Philosophie fortschreiten lassen, und in diesem Sinne würde ich durchaus sagen, dass es auch in der Philosophie Fortschritt gibt.

Forstner: Okay. Und jetzt zurück zur Bildung?

Whitehead: Zurück zur Bildung!

Lasst uns Menschen verbessern! Oder besser nicht?

Lesch: Wir haben also schon ein Problem damit zu sagen: Was ist Wissen? Was ist Weisheit? – Was bedeutet es dann eigentlich, ein gebildeter Mensch zu sein? Darauf können wir ja gleich noch mal kommen, aber erst noch etwas anderes: Wenn man über Bildungseinrichtungen spricht, über was spricht man da? Darüber, dass Menschen mehr wissen oder dass Menschen möglichst weise wissen?

Vossenkuhl: Lassen wir erst mal diese beiden Aspekte – Wissen und Weisheit – auf sich beruhen und reden über das Konzept, das eigentlich hinter diesen Bildungseinrichtungen steht. Das Grundkonzept ist: Der Mensch ist verbesserbar, perfektionierbar. Alte Idee, seit der Antike. Die Perfektionierbarkeit des Menschen ist die Prämisse für sämtliche Bildungseinrichtungen. Man nimmt dabei an, der Mensch kommt wie eine unbeschriebene Tafel auf die Welt – gut, inzwischen wissen wir, es ist nicht ganz so …

Lesch: … ein paar Linien sind schon drauf, und es könnte sich auch mal ein kariertes Blatt finden, manches Kleinkarierte ist sicher auch dabei …

Vossenkuhl: Ja, genau, das Grobe und das Kleinkarierte … und dann sollen die Menschen verbessert werden. Damit beginnt natürlich ein großer Streit: Wie fängt man das überhaupt an? Wie dicht soll das Ganze sein? Dann geht es um Lehrpläne und den ganzen Kram. Eigentlich hat sich seit der Antike im Hinblick auf die Idee oder das Konzept der Perfektionierbarkeit nicht viel geändert. Es gab nur wenige ernst zu nehmende Denker, die sagten: Nein, nein, der Mensch ist gar nicht verbesserbar! – Gut, Kant hat mal gesagt: Der Mensch ist aus …

Lesch: … krummem Holz.[30]

Vossenkuhl: Ja, aber das bezog sich eher auf die Moralität und nicht so sehr auf die kognitiven Fähigkeiten. Ist das mit seiner Perfektionierbarkeit aber erst einmal gesetzt, dann geht es einfach nur noch um die Details: Wie viel wann gelernt wird. – Und aus der Perfektionierbarkeit schließt man unmittelbar auf die Lernbarkeit von bestimmten Befähigungen, die der Mensch haben soll: Er soll die Welt verstehen, er soll vielleicht musisch in der Lage sein, Instrumente zu spielen oder zu singen, er soll sportlich sein – die Olympischen Spiele wurden nicht umsonst im antiken Griechenland erfunden – und so weiter. All das kann man verbessern. Und so, wie man das Rennen, den Weitsprung, den Speerwurf verbessern kann …

Lesch: … so kann man auch die geistigen Fähigkeiten verbessern.

Forstner: Also, der Mensch ist verbesserbar und deswegen gibt es Bildungseinrichtungen?

Whitehead: Ich würde lieber von »Entwicklung« als von »Verbesserung« sprechen.

Forstner: Klingt zumindest positiver …

Whitehead: … und aktiver. Verbessern ist doch zumeist etwas recht Passives: Etwas wird verbessert. Außerdem impliziert das, dass es vorher schlechter gewesen sein muss. Nein, so sehe ich den menschlichen Geist ganz und gar nicht! Und Kants »krummes Holz« als Metapher für die Natur des Menschen sehe ich noch kritischer.

Forstner: Mit Kant waren Sie stets sehr kritisch … Also, dann sprechen wir von der »Entwicklung« des Menschen.

Whitehead: Ja, das hat doch gleich eine aktivere Note! Wir sind lebendig, und wir können uns entwickeln und müssen uns nicht verbessern oder gar optimieren lassen wie eine Maschine. Unser Verstand ist keine Maschine, kein totes Instrument, das erst geschärft werden muss, bevor wir es benutzen können. Diese Analogie zwischen verbesserbarer Maschine und verbesserbarem Verstand muss ich nachdrücklich anprangern. Sie ist eine der fatalsten, irrigsten und gefährlichsten Konzeptionen, die je Eingang in die Bildungstheorie fand. Der Verstand ist niemals passiv, er ist unaufhörliche Aktivität, feinfühlig, aufnahmebereit, reaktionsfähig. Sie können seine Lebendigkeit nicht aufschieben, bis Sie ihn geschärft haben![31]

Forstner: Das gefällt mir – und auch, dass man Sie, den sanften Cherub, mit dem Thema Bildung so aus der Reserve locken kann.

Whitehead: Vermutlich war ich zu lange dem maroden englischen Bildungswesen des späten 19. und frühen 20. Jahrhunderts ausgeliefert, um hier distanzierte Sanftmut walten zu lassen, die mir sicher besser anstehen würde … Gehen wir doch lieber wieder zurück zu meinen Kollegen in Ihrer Zeit.

Forstner: Bei den beiden geht es jetzt aber auch ums 19. Jahrhundert …

Whitehead: … aber aus der Perspektive des 21. Jahrhunderts, und das gibt ihnen eine gewisse Distanz, die ich dann hoffentlich auch wieder gewinne, so, wie sich das für einen Engländer meiner Zeit gehört.

Ein besserer Mensch durch Griechisch und Latein?

Vossenkuhl: Irgendwann sind wir dann auf dem Weg hin zu einer Verbesserung der Menschen bei den Naturwissenschaften angelangt. Wir kennen diese Abzweigungen gar nicht mehr, wann das passiert ist. Bis ins 19. Jahrhundert war Mathematik zwar ein Fach, das unterrichtet wurde, meistens in Form von Geometrie und Algebra, aber Naturwissenschaften …

Lesch: … gab es kaum.

Vossenkuhl: Gab es gar nicht! Das heißt, man hat gemeint, wenn die Menschen alte Sprachen lernen, also Griechisch, Latein, vielleicht auch noch Hebräisch, vor allem dann, wenn sie in die Theologie gehen sollten, dann ist das das Fundament der Bildung.

Lesch: Humanistisches Bildungsideal.

Vossenkuhl: Humanistisches Bildungsideal. Und da war noch überhaupt gar nichts von Naturwissenschaften! Dieser kognitivistische Aspekt, den wir heute in den Bildungseinrichtungen haben, den gab es gar nicht. Und man hat sogar gemeint – das ist das Interessante –, dass der Humanismus, also die Menschlichkeit, die menschliche Bildung durch die alten Sprachen kommt. So, als würde man homöopathisch durch die Vermittlung von Griechisch und Latein den Menschen eine Art von Menschlichkeit vermitteln, die sie durch ihre eigene Sprache gar nicht kriegen können, egal was sie lesen.

Lesch: Aber war das nicht eine völlig überzogene Idealisierung der alten Zeit – der guten alten Zeiten?

Vossenkuhl: Natürlich!

Lesch: Denn archäologisch hat man eigentlich längst herausgefunden, dass das keine guten Zeiten waren. Wer von uns wollte schon wirklich im alten Rom gelebt haben oder gar in Griechenland? Ich denke da an den Film »300«, wo es um Leonidas und seine Kameraden geht. Der ist sicherlich ein bisschen sehr blutrünstig, aber es muss ja auch grausam zugegangen sein. Die Anzahl der Kriege war dramatisch. Ein friedvolles Leben in Europa war das ja nun nicht!

Vossenkuhl: Ja, du hast völlig recht, aber das ist typisch. Das, was in den Renaissancen, also in den Wiedergeburten der Antike sich an Sehnsucht ausdrückte, war im Hinblick auf das, was wirklich passiert war in den Zeiten, so, als würde man, wenn es ginge, diese Zeiten durch eine Art von Reinigungs- und Waschanlage führen: Alles, was stank, Krankheit, Tod, Pest und so weiter wurde schön herausgefiltert, und übrig blieb das hehre Bild, das durch Tempel, durch Gedichte von Homer, und was sonst noch schön und gut war, vermittelt wurde.

Lesch: Ja, genau.

Vossenkuhl: Also man hat ein hehres Bild von der Antike geschaffen, was aber mit der Wirklichkeit nichts zu tun hatte. Man sah dann quasi den Homer und den Aristoteles lustwandeln in Athen …

Lesch: … und die rochen auch gut.

Vossenkuhl: Richtig, die waren frisch gewaschen.

Lesch: Immer!

Vossenkuhl: Zähne geputzt und alles!

Forstner: Zum Sinn und Zweck des Lernens alter Sprachen haben Sie auch einiges geschrieben …

Whitehead: … und bin leider oft missverstanden worden.

Forstner: Inwiefern?

Whitehead: Man hat mich oft so interpretiert, als sei ich generell gegen Griechisch und Latein.

Forstner: Sind Sie das denn nicht?

Whitehead: Nicht generell, nein. Das Lernen alter Sprachen hat viele Aspekte. Und es lohnt sich durchaus, die auch differenziert zu betrachten.

Forstner: Wieder kein eindeutiges Ja oder Nein, ich hätte es mir denken können: Frage niemals Alfred North Whitehead, wenn du eine einfache Antwort haben möchtest![32]

Whitehead: Die wollen Sie doch auch gar nicht, sonst würden Sie sich nicht mit mir befassen.

Forstner: Ertappt!

Whitehead: Soll ich jetzt etwas zu alten Sprachen sagen?

Forstner: Ich bitte Sie darum!

Kinder lernen durch Kontakt

Whitehead: Schon zu meiner Zeit wurden die klassischen Sprachen infrage gestellt, einfach dadurch, dass sie Rivalen bekommen haben, nämlich die Naturwissenschaften. Ich nehme an, dass der Fächerkanon bei Ihnen noch weiter angewachsen ist?

Forstner: Ja, da gibt es heute nicht nur Biologie, Physik und Chemie, sondern auch noch Sozialkunde und Wirtschaft- und Rechtslehre, an manchen Schulen auch Informatik und immer mehr moderne Sprachen: neben Englisch und Französisch auch noch Spanisch und Italienisch, sogar Chinesisch, wenn Sie das für Ihr Kind wollen.

Whitehead: Aha, aber bedenken Sie, dass das Leben kurz ist, und die Periode, in der das Gehirn dazu bereit ist, sich etwas

anzueignen, ist noch viel kürzer. Sie haben also eine Fülle von Lerninhalten, aber nur maximal 12 bis 13 Jahre Schuljahre zu deren Vermittlung. Wir dürfen nie vergessen, dass das ganze Problem intellektueller Erziehung von massivem Zeitmangel beherrscht wird.[33] Also was tun?

Forstner: Zumindest mal weg mit den alten Sprachen. Die haben ja heute eh keinen großen Nutzen mehr. Oder?

Whitehead: Das ist die Frage. Ich selbst hatte Spaß am Lateinunterricht und fände es schade, dieses Vergnügen künftigen Generationen vorzuenthalten, aber Sie haben mit Ihrem Hinweis auf den Nutzen schon recht: Die klassischen Sprachen haben nur dann eine Daseinsberechtigung im Schulunterricht, wenn sie eine intellektuelle Bereicherung bringen, die kein anderes Fach so schnell übernehmen kann.

Forstner: Sind wir jetzt beim guten alten humanistischen Bildungsideal angelangt, also bei der Menschwerdung durch die gereinigte Klassik, wie Prof. Vossenkuhl das so treffend geschildert hat?

Whitehead: Ich würde es gern etwas nüchterner betrachten. Konkret geht es mir um Logik, Philosophie und Geschichte. Ich kenne kein besseres und vor allem kein schnelleres Hilfsmittel zur Vermittlung dieser Inhalte als den Lateinunterricht.

45

Forstner: Aber Logik gehört doch zur Mathematik, Geschichte ist ein eigenes Schulfach und Philosophie … Okay, die kommt tatsächlich in der Schule etwas zu kurz für meinen Geschmack, vielleicht noch ein bisschen im Religions- oder Ethikunterricht. Warum nun dieser Umweg über Latein, wenn wir ohnehin nicht genügend Zeit haben? Warum nicht gleich Logik, Geschichte und Philosophie unterrichten, wenn wir möchten, dass unsere Kinder darüber etwas lernen?

Whitehead: Weil ich das ganz genauso sehe wie ein von mir sehr geschätzter Schulrektor aus meiner Zeit. Er pflegte zu sagen: »Sie lernen durch Kontakt.«[34]

Forstner: Sie lernen durch Kontakt? Ich bin mir nicht sicher, ob ich verstehe, was das heißen soll.

Whitehead: Diese Erkenntnis reicht bis an die Wurzel der einzig wahren Praxis von Erziehung und Bildung. Diese Wurzel, also der Beginn des Lernens, ist die konkrete, greifbare Tatsache. Davon ausgehend kann der Schüler sich allmählich allgemeine Ideen und Abstraktes erschließen. Das Einpauken von allgemeinen Aussagen ohne Bezug zu den individuellen, persönlichen Erfahrungen der Schüler kann nur der Teufel erfunden haben![35] Verzeihen Sie mir meine emotionale Ausdrucksweise, aber bei diesem Thema kann ich einfach nicht anders.

Forstner: Kein Problem, ganz im Gegenteil! Aber was heißt das jetzt für die Vermittlung von Logik?

Whitehead: Ganz einfach: Was ist der beste Weg, um ein Kind zu Klarheit in seinem Denken und seinen Aussagen zu bringen?

Forstner: Logikunterricht offenbar nicht.

Whitehead: Nein, denn die formale Logik hat keinen Bezug zu irgendetwas, wovon das Kind je gehört hat. Dabei möchte ich noch nicht einmal ausschließen, dass es ein paar interessierte Köpfe gibt, die schon in der Schulzeit etwas damit anfangen können. Für alle anderen ist die Universität der richtige Platz für die allgemeinen Ideen der Logik – vorausgesetzt, es macht in ihrem Leben überhaupt je Sinn, sich damit zu befassen.

Forstner: Aber können Kinder denn nicht schon etwas über logische Strukturen lernen, wenn sie ihre eigene Sprache analysieren?

Whitehead: Das liegt zwar nahe, aber mal ehrlich: Gibt es etwas Langweiligeres als die Grammatik der eigenen Sprache? Abgesehen von ein paar elementaren Begriffen, wenn überhaupt, brauchen wir keine Grammatik, um unsere Muttersprache in Wort und Schrift zu beherrschen.

Forstner: Was ist mit den Fremdsprachen, da brauchen wir die Grammatik, also logische Strukturen, um überhaupt voranzukommen.

Whitehead: Ja, das ist schon richtig. Aber das kann auch nur so weit reichen, wie unsere lebendigen Sprachen logisch aufgebaut sind, und das sind sie ja nun mitnichten. Irgendwann bleibt einem da nichts anderes übrig, als Redewendungen und Unregelmäßigkeiten zu büffeln, weil sie keiner logischen Struktur gehorchen.

Forstner: Wie wahr! – Also Latein?

Whitehead: Ja, ich halte das für einen guten Weg zur geistigen Entfaltung eines Großteils der Schüler auf weiterführenden Schulen. Ich kann mich noch gut erinnern, wie viel Vergnügen mir Latein als Schuljunge bereitet hat, sobald ich entdeckt hatte, dass man da etwas herausfinden konnte. Die Worte steckten irgendwie auf eine andere Art und Weise in den Sätzen als im Englischen oder Deutschen. Wie war das bei Ihnen?

Forstner: Oje, da fragen Sie die Falsche. Ich durfte nicht Latein lernen. Das galt vielen in meiner Jugend als überholt und unnütz. Ich mühte mich stattdessen jahrelang mit Französisch ab. Dabei hatte ich keinerlei Bezug zu Frankreich: Keine Verwandtschaft, keine Ferienaufenthalte, nichts. Ab und an schmuggelte ich mich in den Lateinunterricht. Mir gefielen das Herumtüfteln und diese Entdecker-Atmosphäre. Ich hatte immer den Eindruck, die hatten dort mehr Spaß als wir im Französischunterricht. Außerdem durften die sich ständig mit den alten Römern beschäftigen, was für eine Jugendliche, die Sandalenfilme liebte und in den Ferien in Italien keine Ausgrabung ausließ, die Krönung gewesen wäre. Ich weiß noch, wie enttäuscht ich war, als wir dann endlich im Geschichtsunterricht zum alten Rom kamen. Das wurde in wenigen staubtrockenen Stunden abgehandelt und hätte mir fast die Freude an Geschichte an und für sich genommen.

Whitehead: Für den Geschichtsunterricht gilt erst recht: »Sie lernen durch Kontakt!« Es geht nichts über Geschichte aus erster Hand. Kein noch so gutes Schulbuch kann das Umherschweifen an historischen Orten oder die Erzählung eines Zeitgenossen ersetzen. Durch das Erlernen einer alten Sprache holen Sie die Vergangenheit in die Gegenwart, sie überwinden Raum und Zeit. Geschichte ohne Bezug zur Gegenwart ist totes Wissen, das kann man dann genauso gut auch gleich streichen, dann verplempert man keine Zeit damit.

Forstner: Was machen wir nun aber mit diesem Mangel an Zeit, mit dem jeder, der etwas lernen will oder soll, zu kämpfen hat in Bezug aufs Lateinlernen? Wenn ich den Sinn und Zweck des Lateinunterrichts recht verstehe, dann würde ein sehr abgespecktes Lateinstudium ja durchaus genügen, um einen Zugang zur Logik zu bekommen. Um logische Strukturen kennenzulernen, ohne sich durch die Abstraktionen der mathematischen Logik mühen zu müssen, würden Grundkenntnisse zur Analyse lateinischer Sätze genügen. Um Zugang zu historischen Ereignissen und zu philosophischen Gedanken zu bekommen, reicht die Lektüre von ausgewählten Texten. Soweit ich weiß, wird das heute im Lateinunterricht – und, wo es ihn gibt, auch im Griechischunterricht – so gemacht. Aber da hört man immer wieder die Klage von den Lehrern, dass das kein gründlicher Unterricht mehr sei, und welchen Sinn es denn machen würde, die Schüler in Latein oder gar Griechisch zu unterrichten, wenn sie am Ende keinen Cicero und erst recht keinen Homer flüssig lesen können.

Whitehead: Ja, das Argument kenne ich. Aber ich finde, dass man aufgrund des Zeitmangels und der Rivalität so vieler Fächer dieses Ideal dringend überdenken muss. Es ist das humanistische Ideal des Gelehrten mit seinem perfekten Latein und Griechisch, das nur für eine kleine Minderheit Sinn macht.

48

Und es war zu keiner Zeit mehr als eine kleine Minderheit! Diese kleine Minderheit aber sollte nicht vernachlässigt werden. Sonst haben wir ja noch nicht einmal mehr Lehrer für unsere weniger ambitionierten Schüler. Was ich sagen will, ist Folgendes: Sie brauchen ein klares reales Ziel, das die Schüler auch erfolgreich erreichen können, und kein Ideal, das der Realität der Lernenden nicht entspricht, das sie nicht erreichen können und das nur Misserfolge und Frustration produziert.

Forstner: Ich fasse das mal zusammen: Latein – meinetwegen auch Griechisch – ist nach wie vor okay, aber bitte »quick and dirty« für den Hausgebrauch und bloß nicht in Konkurrenz zu modernen Sprachen und Naturwissenschaften.

Whitehead: Sehr salopp ausgedrückt, aber durchaus treffend. Im Grunde geht es bei der Auswahl von Lerninhalten immer um Maßstab und Tempo. Das Fach Latein hat einen gewaltigen Maßstab, nämlich die gesamte Epoche, die von der lateinischen Sprache dominiert wurde. Die überwiegende Zahl der Schüler wird Latein aber niemals gut genug beherrschen, um es flüssig lesen zu können. Kurz, man kommt an einem bestimmten Punkt nicht um Übersetzungen herum.[36] Anderenfalls führen das fehlende Tempo und der gigantische Maßstab, der gar nicht zu bewältigen ist, dazu, dass die ganzen Früchte des Lateinunterrichts wieder zunichte gemacht werden.

Forstner: So weit zu den alten Sprachen?

Whitehead: Ist mir noch ein Satz erlaubt?

Forstner: Sicher!

Whitehead: Nur kurz: Genauigkeit, Bestimmtheit und eigenständiges Analysevermögen gehören zu den Hauptgewinnen des ganzen Lateinstudiums. Diesen Gewinn sollten wir unseren Kindern mitgeben, und das ist, denke ich, auch in Ihrer Zeit machbar. – Und jetzt sollten wir uns unbedingt den Naturwissenschaften zuwenden.

Naturwissenschaften, denn das hilft gegen das Schicksal

Lesch: Hatte der späte Einstieg der Naturwissenschaften und auch der technischen Fächer wie Werken etwas damit zu tun, dass man sich damit die Hände dreckig macht? Hat man sie deshalb so spät reingelassen, oder hielt man sie eigentlich für grundsätzlich unwichtig? Denn mit der Industrialisierung müsste doch auch dem idealistischsten Bildungsphilosophen klar gewesen sein: Ohne diese Wissenschaften werden wir hier keinen wissenden Menschen verbessern können, oder?

Vossenkuhl: Diese Gedanken haben die Leute so seit dem 16. beziehungsweise 17. Jahrhundert bewegt. Einer, den das bestimmt täglich umhertrieb, war Leibniz. Er war nun nicht an einer Universität tätig, sondern hat sich in einer von ihm selbst mitbegründeten Wissenschaftsakademie überlegt: Was kann man für das Königreich, in dessen Diensten er stand, nämlich das hannoveranische, Gutes tun? Was kann man tun, damit die Menschen nicht mehr unter Feuersbrünsten leiden, vor Überschwemmungen gesichert sind und dass die Produktivität steigt? Da begann also im 17., spätestens im 18. Jahrhundert dann auch das Interesse an technischer, also an einer wissenschaftlich begründeten Verbesserung der Lebensverhältnisse zu wachsen. Das war im Mittelalter nicht sinnhaft, weil man noch sehr viel stärker der Meinung war: Was kommt, das kommt; der Herrgott schickt's uns, und was von selber kommt, geht auch von selber wieder, da können wir nicht viel dran machen. Wenn also eine Stadt abbrennt, dann brennt sie halt ab. Mit diesem Schicksal wollten sich die Menschen in der frühen Moderne aber nicht mehr zufrieden geben, und das beeinflusste dann auch die Bildungsinhalte.

Lesch: Wenn du jetzt sagst, man nahm die Dinge so hin, wie sie eben waren, dann ist das doch genau das Gegenteil von dem, dass ein Mensch verbesserbar ist. Denn die blieben ja alle in ihren Ständen, und es gab keine Möglichkeit aufzusteigen, und wahrscheinlich gab es auch noch keine Wissenseinrichtungen.

50

Vossenkuhl: Ja, das ist eine ganz scharfsinnige Beobachtung. Da sieht man, wie schizoid das Ganze war. Denn auf der einen Seite glaubte man natürlich, die Menschen seien verbesserungswürdig, aber man dachte das im Hinblick auf Moral, Religiosität usw. Menschlichkeit hatte da noch nichts mit dem Schicksal zu tun, also nichts mit der Selbstverfügung im technischen Sinn. Gut, in der Renaissance gab es das Konzept des universalen Menschen, »l'uomo universale«, bei Leon Battista Alberti und anderen. Die haben das quasi sinnbildlich in der Architektur und in der Kunst schon realisiert. Aber auch das war noch nicht Technik im engeren Sinn. Man sprach dann später vom »Leonardo-Menschen«.

Lesch: Ja, und Leonardo selbst?

Vossenkuhl: Leonardo war tatsächlich ein technisch hochbegabter Mann, der geniale Maschinen baute, aber zwischen Maschinenbau und Kunstbau war damals kein großer Unterschied. Das war noch ein ganzes Stück entfernt von der Verwertbarkeit von Maschinen. Kurz, der Schicksalsglaube oder die Gottergebenheit und der Glaube an die Verbesserung des Menschen liefen parallel.

Lesch: Aber wenn man weiterhin der Meinung war, der Mensch sei verbesserbar, dann musste das ja zwangsläufig irgendwann

mal dazu führen, dass man die Gottergebenheit infrage stellte. Dann war die Aufklärung sozusagen eine ganz klare Antwort darauf. Wir wollten diesem Ziel der Verbesserung eigentlich weiter nachgehen.

Vossenkuhl: Ja, genau, wir nehmen das Schicksal selbst …

Lesch: … in die Hand!

Vossenkuhl: Wir lassen uns nicht mehr vom Schicksal herumtreiben! Das ist der eigentliche Beginn der Moderne.

Lesch: Damit sind wir natürlich beim Nutzen. Könnte man nicht sagen, dass Wissen überhaupt nur dann nützlich ist, wenn es nützlich ist?

Vossenkuhl: Absolut, ja!

Lesch: Ansonsten ist es »unnützlich«.

Wissen ist nützlich, wenn es nützlich ist

Forstner: Also ich weiß nicht recht: Nützliches Wissen, unnützes Wissen. Ist Wissen nicht einfach Wissen mit einem gewissen Selbstzweck?

Whitehead: Nein.

Forstner: Nein? Soll das heißen, Sie sehen das so wie Ihre Kollegen fast 100 Jahre später?

Whitehead: Durchaus!

Forstner: Ehrlich gesagt, wundert mich das jetzt. Ich dachte immer, erst meine heutige Welt redet dauernd vom Nutzen. Das geht ja so weit, dass Eltern schon in der Grundschule bei jeder schlechten Note fragen, ob da nicht sowieso nur unnützes Wissen abgefragt wurde, das ihr Kind später nie wieder braucht.

Whitehead: Eine berechtigte Frage! Ich war eine Zeit lang Mitglied im Bildungsausschuss des englischen Premierministers zum Stellenwert der klassischen Sprachen. Dort musste ich viel unproduktives Gejammer über die angeblich gewinnsüchtigen Neigungen moderner Eltern über mich ergehen lassen … Ganz ehrlich? Ich glaube nicht, dass Eltern zu meiner oder Ihrer

Zeit gewinnsüchtiger waren als zu irgendeiner Zeit davor. War es nicht Aristoteles, der gesagt hat, dass ein gutes Einkommen eine wünschenswerte Zugabe zum intellektuellen Leben sei?[37]

Forstner: Gut, trotzdem kann ich nur den Kopf schütteln, wenn Freundinnen meiner Tochter Angst haben, geschimpft zu werden, wenn Sie eine Drei nach Hause bringen.

Whitehead: … sagt die Mutter eines Kindes, das vermutlich nur Einser und Zweier schreibt?!

Forstner: Jetzt tun Sie mir unrecht: Es gibt auch bei uns mal eine Drei.

Whitehead: Mal … und, wie reagieren Sie darauf?

Forstner: Na ja, ich bin mit ihr die Fehler durchgegangen.

Whitehead: Damit sie nächstes Mal ein Zwei bekommt?

Forstner: Okay, ertappt, ich gebe es ja zu: Natürlich wünsche auch ich mir, dass mein Kind vorn mit dabei ist.

Whitehead: Das ist ja auch völlig legitim! Aber, um es gleich zu sagen, von einem Bildungssystem, das nur auf Prüfungen und Noten abzielt, halte ich gar nichts. Das ist Abfragen von totem Wissen und hat nichts mit Bildung zu tun. Solch totes Wissen ist völlig unnütz!

Forstner: Wissen ist nicht gleich Bildung, das ist schon klar. Aber die beiden hängen doch zusammen?!

Whitehead: Ja, natürlich! Bildung, so, wie ich sie verstehe, ist letztlich nichts anders als die Kunst, sich Wissen nutzbar zu machen.[38]

Forstner: Könnte man es dann so auf den Punkt bringen: Bildung ist immer nützlich, Wissen dagegen nicht?

Whitehead: Ja, wenn Sie so wollen. Bildung ist tatsächlich immer nützlich, ganz gleich, welche Ziele man im Leben verfolgt. Sie war nützlich für den heiligen Augustinus, und sie war nützlich für Napoleon. Bildung ist nützlich, weil Verstehen nützlich ist.[39] Bloßes Wissen ist aber noch kein Verstehen, darin liegt der Unterschied.

Forstner: Verstehen von was???

Whitehead: Oh, Verzeihung, ich dachte, das sei klar.

Forstner: Nicht so ganz.

Whitehead: Also, das Ziel sämtlicher Bildungsbestrebungen muss dass Verstehen der Gegenwart sein.

Forstner: Ist das nicht zu kurz gegriffen? Wäre dann Wissen über die Vergangenheit nicht automatisch unnützes, also totes Wissen?

Whitehead: Nur wenn Sie die Gegenwart als einen abstrakten Punkt betrachten. Eine Sichtweise, die ich immer abgelehnt habe.

Forstner: Für Sie ist Gegenwart letztlich eine Art Übergang zwischen Vergangenheit und Zukunft, wenn ich mich recht erinnere.[40]

Whitehead: Genau, in der Gegenwart treffen sich Vergangenheit und Zukunft. Wenn wir diese Einsicht jetzt auf unser Thema Bildung übertragen, dann heißt das nicht, dass Wissen über die Vergangenheit per se unnütz ist. Sondern nur, dass Wissen ohne Bezug zur Gegenwart unnütz ist. Ich halte solch

losgelöstes Wissen nicht nur für unnütz und tot, sondern sogar für schädlich, denn es entwertet die Gegenwart. Sie können einem jungen Geist eigentlich keinen tödlicheren Schaden zufügen als durch die Geringschätzung der Gegenwart.[41]

Forstner: Harte Worte!

Whitehead: Ja, auf dass ich meinem Ruf als sanfter Cherub noch etwas entgegensetze – posthum!

Forstner: Und was fangen wir nun mit dieser Erkenntnis an?

Whitehead: Uns eine ganz praktische Frage stellen, nämlich: Wie schaffen wir es, Wissen lebendig zu machen und lebendig zu halten, damit es uns in unserem unmittelbaren Leben nützt und wir im besten Sinne des Wortes gebildet sind?

Forstner: Ja, wie?

Whitehead: Tja, da gilt für die Bildung auch wieder das, was ich nicht müde werde zu predigen: Ein breiter von Blumen gesäumter Pfad ist kein Garant für ein schönes Ziel, oft genug führt er zu einem scheußlichen Ort.[42]

Forstner: Soll heißen, wir dürfen mal wieder keine einfachen Antworten erwarten?[43]

Whitehead: Ja, so ist es. Das Thema Bildung ist hochkomplex. Da kommen wir nicht weiter, wenn wir nicht wenigstens den Versuch wagen, die ganze Vielfalt des Themas auch zuzulassen – und Vielfalt ist etwas Gutes, das habe ich ja eben schon zu vermitteln versucht. Wenn man im Hinblick auf Bildung zu früh zu stark vereinfacht, dann besteht die Gefahr, bei einer Bildungsideologie zu landen, die keinem von uns nützt, weder den Lernenden noch den Lehrenden. Wir sollten ehrlich versuchen, der unglaublichen Vielfalt, die das Thema Bildung berührt, wenigstens einigermaßen gerecht zu werden. Das gelingt am besten, wenn wir uns den konkreten Fakten zuwenden, in die Lernen und Lehren eingebettet sind. Damit meine ich Faktoren wie die Kompetenz der Lehrer, die intellektuellen Fähigkeiten der Schüler, ihre Aussichten im Leben und ihre Erwartungen an ihr Leben, die Möglichkeiten, die von der unmittelbaren Umgebung der Schule geboten werden, die Ausstattung der Schule und vieles, vieles mehr.

Forstner: Ich würde auf jeden Fall noch das heute vielbeschworene häusliche und soziale Umfeld der Schüler dazunehmen.

Whitehead: Je mehr Sie berücksichtigen, desto gerechter können Sie dem einzelnen Schüler werden – und auf den Einzelnen kommt es an, denn damit aus bloßem Wissen nützliche Bildung wird, muss sich im einzelnen Individuum etwas bewegen. Kurz, wir haben es mit einer lebendigen Vielfalt zu tun, für die sich einheitliche Maßstäbe schlicht verbieten, und das betrifft zuallererst einheitliche Prüfungen.

Forstner: Ich weiß, das Thema Prüfungen ist ein ganz besonderes Reizthema. Aber können wir es trotzdem noch etwas aufschieben?

Whitehead: Selbstverständlich.

Wissen ist Macht! Also macht man einfach irgendwas?

Vossenkuhl: Wissen ist Macht!

Lesch: Sagt Francis Bacon.

Vossenkuhl: Ja, das ist dann schon das 16. Jahrhundert, da ging es allmählich los mit einem etwas anderen Begriff des Wissens. Primär ging es jetzt nicht mehr um die Frage, was ist Wirklichkeit. Das war es, was die Antike und die mittelalterliche Philosophie umtrieb: Was ist wirklich? Aber das war nicht die Frage nach der sichtbaren, hörbaren, fühlbaren Wirklichkeit, sondern nach der ewigen. Es ging um die auf Wesensbestimmungen aufgebaute Wirklichkeit. Erst im 16. Jahrhundert fing man an, Wirklichkeit als von uns erkennbare, wahrnehmbare Wirklichkeit zu verstehen. Und dann ging es um die Beseitigung von Vorurteilen. Bacon hat ja sogar einen ganzen Katalog von Regeln erstellt, wie man Vorurteile beseitigt, damit man zu dem wirklichen Wissen kommt, also Wissen über das, was tatsächlich im heutigen Sinne empirisch gegeben ist. Danach kamen Philosophen wie Locke und Hume, die sich immer mehr von den Glaubenssätzen der mittelalterlichen Philosophie entfernten. Nur Descartes nimmt so eine Art von Scharnierstellung ein.

Lesch: So, wie du das erzählst, ist ja offenbar die Frage nach Wissen und auch nach Bildung eine ganz philosophische Fragestellung.

Vossenkuhl: Natürlich, ja!

Lesch: Man muss es ja gar nicht so hochtreiben, dass man gleich Erkenntnistheorie betreibt. Aber man möchte schon gern wissen, was man in einer Einrichtung, die junge Menschen unterrichtet, anbieten könnte. Da muss vorher ausgewählt werden, denn es gibt ja so viele Möglichkeiten. Wie siehst du das? Wenn du dir heute anschaust, wie in Mitteleuropa Schulen aussehen: Die Kinder gehen morgens um acht Uhr hin – zumindest in Deutschland, in anderen Ländern ein bisschen später – und dann sitzen sie da und kriegen was eingetrichtert oder müssen sich gegenseitig füllen. Ist das ein Wissenskonzept, das auf irgendeine philosophische Strömung zurückgeht? Oder ist das heute praktisch nur Learning by Doing, wo sich halt mal ein paar Pädagogen Gedanken gemacht haben, wie Schule aussehen soll, und seitdem reformieren sie munter daran herum. Wie siehst du das?

Vossenkuhl: Also ich kann – aber vielleicht liegt das an meiner Ungebildetheit – da keine direkte philosophische Grundlage für dieses Schulkonzept erkennen.

Lesch: Aha, also kein Herder, kein Pestalozzi oder so was?

Vossenkuhl: Jedenfalls sehe ich da keine direkte Verbindung. Sicherlich hat Humboldt, was die Unis angeht, einiges bewirkt, um die Frage zu klären, wie man in einer öffentlichen Einrichtung am besten Wissenschaft betreiben kann.

Lesch: Zu den Unis kommen wir noch, vielleicht zum Abschluss, um noch mal richtig die Galle hochkommen zu lassen …

Vossenkuhl: Oh ja! Also erst die Schule: Ich glaube nicht, dass man da eine bestimmte Philosophie im Hintergrund vermuten kann.

Lesch: Gar nix?! Also die machen einfach irgendwas?!

Bildungsphilosophie im Anflug

Forstner: Wenn ich mir so anschaue, was meine Tochter in der Schule macht, dann kann ich nur bestätigen, dass zwar allerhand und davon auch möglichst viel gemacht wird. Aber ein Konzept oder gar eine Philosophie leuchtet da nicht gerade durch.

Whitehead: Ja, so sah das leider schon zu meiner Zeit aus …

Forstner: Dann könnte Ihre Bildungsphilosophie hier sozusagen ein Vakuum füllen und den schier unendlichen Bildungsinhalten einen Rahmen geben?

Whitehead: Bildungsphilosophie? Entschuldigung, aber damit kann ich nicht dienen. Alles, was ich Ihnen anbieten kann, sind ein paar erzieherische Gebote, die sich mir geradezu aufgedrängt haben im Lauf der vielen, vielen Jahre, die ich im englischen Bildungssystem zugebracht habe.

Forstner: Jetzt stellen Sie Ihr Licht mal wieder deutlich unter den Scheffel! Es fällt mir schwer zu glauben, dass Ihre Schriften zur Bildung nicht in Ihrer Philosophie verwurzelt sind. Jemand wie Sie, der das Werden betont und der für eine organische Philosophie eintritt, in der alles miteinander verwoben ist, der kann doch gar nicht anders, als diese Philosophie in alle nur erdenklichen Themen einfließen zu lassen.

Whitehead: Ja, schon, aber der Zusammenhang ist genau andersherum. Nahezu alles, was ich über Bildung vorgetragen und geschrieben habe, ist älter als meine philosophischen Schriften. Vielleicht ist meine Philosophie nicht viel mehr als ein Kommentar zu meinen Gedanken über Bildung …[44]

Forstner: Meinen Sie das ernsthaft? Jetzt sind Sie sicher wieder viel zu bescheiden.

Whitehead: Nun, jede Philosophie, jede abstrakte Theorie fängt irgendwann mit ganz konkreten Erfahrungen an, und ich habe nun mal einen großen Teil meiner Erfahrungen im Umfeld von Bildungseinrichtungen, genauer, von Universitäten gemacht.

Forstner: Da sind wir doch jetzt bei Ihrer Flugzeugmetapher, nicht?

Whitehead: Ja, ich habe tatsächlich mal meine Vorstellungen von einer guten Erkenntnismethode mit dem Flug eines Flugzeugs verglichen.[45] Am Anfang steht das Flugzeug auf dem Boden. Analog stehen wir, die wir etwas erkennen wollen, auf dem Boden der Tatsachen. Das sind unsere konkreten einzelnen Beobachtungen, Erlebnisse und Erfahrungen. In diesen konkreten Tatsachen können wir dann nach Gemeinsamkeiten, nach dem Allgemeinen suchen, und damit verlassen wir auch schon den festen Boden der einzelnen Tatsachen und starten in die dünne Luft der Verallgemeinerungen und Abstraktionen.

Forstner: Und woher wissen wir, ob wir in die richtige Richtung fliegen?

Whitehead: Das ist der entscheidende Punkt, denn um das Allgemeine, das Abstrakte in einer Vielzahl von einzelnen Tatsachen zu finden, muss man kreativ vorgehen: Da gibt es nicht nur eine Richtung, nicht nur ein Ergebnis. Damit wir uns aber nicht verfliegen, dürfen wir den Kontakt zum festen Boden nicht abreißen lassen. Von Zeit zu Zeit müssen wir auch wieder auf ihm landen, um neu aufzutanken. Dieser feste Boden ist und bleibt aber der Boden der konkreten einzelnen Tatsachen. Wir müssen unsere Verallgemeinerungen, unsere Theorien immer wieder anhand neuer konkreter Beobachtungen überprüfen.

Forstner: Und wenn wir feststellen, die schöne eben entdeckte Theorie passt nicht zu unseren neuesten Beobachtungen und Erfahrungen?

Whitehead: Dann tut es mir leid um die schöne Theorie. Aber wenn sie unseren Erfahrungen nicht entspricht, wenn sie nicht umfasst und abbildet, was wir beobachten und erleben, dann taugt sie nichts. Dann müssen wir erneut starten, in eine andere Richtung fliegen und nach einer besseren Theorie suchen.

Forstner: Das ist der wirklich schwierige Part, eine einmal gefundene Theorie wieder aufzugeben. Das fängt ja schon im privaten Bereich an: Wehe, man hat sich einmal ein Bild von etwas oder jemandem gemacht, dann muss schon recht viel passieren, bevor man auch nur den Gedanken zulässt, dass das vielleicht nur ein dummes Vorurteil ist und nichts mit der Realität zu tun hat.

Whitehead: Ja, leider, und besonders hartnäckig sind wir bei unseren Weltbildern. Denken Sie nur an das geozentrische Weltbild. Was hat es die Menschheit nicht alles gekostet, um sich von der überheblichen Vorstellung zu verabschieden, die Sonne kreise um die Erde. Dass wir so an unseren Weltbildern, Theorien und Vorurteilen hängen, ist auch deshalb so dumm, weil wir uns damit die Freude an neuen frischen Erkenntnissen verwehren.

Forstner: Jetzt gilt aber auch für uns: Zurück zum Konkreten, zurück zu unserem Thema Bildung. Bevor wir »abgehoben« haben, waren wir beim englischen Bildungswesen. Ist das jene konkrete Tatsache, von der aus Sie in die Welt der Abstraktionen – will sagen Ihre Philosophie – gestartet sind?

Whitehead: Sicher nicht die einzige konkrete Tatsache, aber eine durchaus prägende. Ich weiß nicht, ob Ihnen bekannt ist, dass mein Großvater und nach ihm mein Onkel eine Internatsschule geleitet haben?[46]

Forstner: Dann sind Sie mit dem Thema Bildung ja sozusagen vorbelastet gewesen, noch bevor Sie selbst eine Schule besucht haben.

Whitehead: Sozusagen. Und obwohl dieses Thema so prägend und über mein ganzes Leben hinweg präsent war, fand ich nie Zeit und Muße, auch den zweiten Teil meines philosophischen Programms durchzuführen.

Forstner: Wie meinen Sie das jetzt?

Whitehead: Die Flugzeugmetapher beschreibt im Grunde nichts anderes als meine Idealvorstellung von einer guten Philosophie. Der erste Schritt ist die Entwicklung einer Philosophie beziehungsweise Metaphysik aus unseren konkreten Erfahrungen: Das ist der Start des Flugzeugs von der konkreten Wirklichkeit in die Höhen der abstrakten Theorie. Aber Sie dürfen den zweiten Teil nicht aus den Augen lassen, sonst ist die ganze Theorie vollkommen nutzlos.

Forstner: Sie meinen die Landung?

Whitehead: Ja, Sie dürfen sich nicht allzu lange in abstrakten Höhen aufhalten, sonst verlieren Sie sich. Sie müssen Ihr philosophisches Programm zurück zu den konkreten Tatsachen bringen und testen, ob es der Wirklichkeit gerecht wird und ob es auf konkrete Erfahrungen anwendbar ist. Wenn die Metaphysik gut ist, dann ist sie auf alle nur erdenklichen Erfahrungen in allen nur erdenklichen Bereichen anwendbar. Wenn nicht, dann müssen Sie erneut starten und die Metaphysik verbessern, das wäre dann sozusagen der dritte Teil.

Forstner: Das geht ja ins Unendliche: Konkrete Erfahrung, Start in die Theorie, Landen und Überprüfen anhand weiterer Erfahrungen, erneuter Start und Verbesserung der Theorie, dann wieder Landen, dann wieder Starten … Wann ist sie denn dann fertig, die Theorie?

Whitehead: Ich glaube nicht, dass es ums Fertigwerden geht, sondern um ein immer weiterreichendes Verstehen und Begreifen. Und, wie gesagt, ich selbst bin nicht besonders weit gekommen mit meinem eigenen Programm. Ich habe tatsächlich nie versucht, meine Philosophie im Bereich Bildung anzuwenden, leider.

Forstner: Vermutlich übernehmen wir uns damit jetzt, aber ob wir es nicht einfach mal versuchen? Wie wäre es, wenn wir jetzt und hier Ihr metaphysisches Programm auf seine Tauglichkeit für das Thema Bildung testen würden?

Whitehead: Oje, das wäre jetzt wirklich viel zu ehrgeizig! Aber wenn sich bei der einen oder anderen Überlegung zur Bildung eine Abstraktion aus meiner Philosophie anbietet, dann können wir gern versuchen, diese auf Landetauglichkeit zu testen. Wir haben das übrigens vorhin schon gemacht, als wir uns mit Vielfalt beschäftigt haben. Das ist tatsächlich eine Abstraktion aus meiner Metaphysik.

Forstner: Und die ließe sich doch prima anwenden sowohl beim Nachdenken über den Fortschritt in der Philosophie[47] als auch bei den Überlegungen zu lebendigem, nutzbarem Wissen,[48] oder?

Whitehead: Zwei Anwendungen belegen zwar noch nicht allzu viel, aber es ist durchaus ein Anfang. Womöglich sollten wir sogar bei den Abstraktionen anfangen, die sich direkt aus dem Reden über Bildung ergeben, ohne lange nach einer Verbindung zu meiner Metaphysik zu fragen. Denn das ist doch die eigentliche Aufgabe der Philosophie: Das Hinterfragen unserer Abstraktionen. Und nichts anderes tun wir, wenn wir nach Begriffen wie »Bildung«, »Wissen« und »Weisheit« fragen. Wir sind also schon mittendrin im Philosophieren, im Kreislauf aus Starten und Landen.

Forstner: Also, weiter so! Dann hören wir doch einfach weiter Ihren Kollegen zu. Mal sehen, was sie noch zur Entwicklung von Schulen und Lehrplänen sagen.

Vossenkuhl: Ich glaube, es war eher eine ganz pragmatische Sache. Natürlich, von Ferne leuchtete noch das Konzept von Trivium und Quadrivium, also den »Sieben Freien Künsten«, in denen die Kompetenzen an den mittelalterlichen Universitäten gesammelt waren. Da war ein bisschen Philosophie dabei, ein bisschen Grammatik, Geometrie, Musik und so weiter. Ich glaube, dass man das immer noch im Hinterkopf hatte, wenn es darum ging, was man alles braucht. Daran hielten die Orden, die im Mittelalter die Träger der Bildungseinrichtungen waren, fest. Es gab ja keine öffentlichen Schulen. Die öffentliche Schulpflicht gibt es erst seit dem frühen 19. Jahrhundert, und auch nicht überall. In Deutschland wurde sie dann eigentlich relativ rasch und zügig eingeführt. In England erst später, dort gab es eher schichtenspezifische Schulen für Arbeiter, die nicht durch den Staat oder die Regierung eingerichtet wurden, sondern privat organisiert waren. Aber zurück zu den Orden. Die haben ihre eigene Ausbildung im Orden analog zum Studium an einer Universität strukturiert. Wenn sie in den Orden eintraten, waren die Jungen etwa 13 oder 14, sie kamen oft aus Familien auf dem Land und wurden sozusagen von den Mönchen entdeckt. Wenn ein Mönch sah, oh, das ist ein aufgeweckter Junge, dann wurde den Eltern gesagt: Lasst uns den übernehmen und ausbilden!

Lesch: Und das lief ganz analog zu einem Universitätsstudium?

Vossenkuhl: Genau, man hat ja gewusst, was seit 1200-nochwas an Fächerkanon in den damals existierenden Universitäten gemacht wurde. Das machte man quasi in vereinfachter Form ebenso in der Schule. Die »Sieben Freien Künste«, die »Artes Liberales«, wurden dann in der Schule auf einem altersbezogenen Niveau vermittelt.

Lesch: So weit, so gut! Ich will mal eine These aufstellen: Für mich ist es entscheidend, dass Kinder rechnen können, vor allem aber, dass sie lesen und schreiben können: Rechnen, Schreiben, Lesen.

Vossenkuhl: Das gab's damals schon auch.

Vorsicht vor dem Schüler: Lebendig!

Forstner: Rechnen, Schreiben, Lesen. Ist es das?

Whitehead: Damit sind wir zumindest schon mal beim Konkreten angekommen und befinden uns nicht mehr in den abstrakten Höhen der Philosophie.

Forstner: Ja, wir wollten landen. Also, wie ist das nun mit ihren konkreten erzieherischen Geboten, verraten Sie sie mir endlich? Passen die zu »Rechnen, Schreiben, Lesen«?

Whitehead: Da bin ich mir nicht so ganz sicher. Das, was Sie »meine« erzieherischen Gebote nennen, ist letztlich ziemlich banal. Vorausgesetzt, wir akzeptieren eine Prämisse, die schon ein paar Mal mitschwang und die ich für ebenso banal halte, nämlich, dass die Lernenden lebendig sind.

Forstner: Klar, wir reden von Schülern, Studierenden, Auszubildenden: Alles Menschen, also lebendig. Zieht das wirklich jemand in Zweifel?

Whitehead: An dieser Stelle vielleicht noch nicht, aber wenn ich jetzt noch ergänze, dass zum Lebendigsein gehört, dass man sich entwickelt und zwar aus sich selbst heraus, dann wird es vielleicht schon schwieriger mit der allgemeinen Akzeptanz.

Forstner: Das hoffe ich nun aber nicht! Wer könnte sinnvoll daran zweifeln, dass Lebendigkeit und Selbstentwicklung zusammengehören?

Whitehead: Und warum behandeln wir Kinder und Jugendliche dann so, als ob sie lauter tote und leere Gefäße wären, in

die man oben das Wissen einfüllt, in der Hoffnung, dass unten Bildung rauskommt? Und schon beim Programm »Rechnen, Schreiben, Lesen« bin ich mir nicht mehr sicher, ob die Lebendigkeit der Schüler noch eine Rolle spielt. Bei Ihnen gibt es doch sogar schon Maschinen, die das problemlos bewältigen, hab ich mir sagen lassen.

Forstner: Ja, Rechnen, Schreiben, Lesen, das ist für einen modernen Computer kein Problem. Vielleicht stimmt es ja, und das mit der Lebendigkeit und der Selbstentwicklung hat sich doch noch nicht so ganz herumgesprochen.

Whitehead: Dann lassen Sie es mich noch mal auf den Punkt bringen: Die Lernenden sind lebendig, sie haben die Fähigkeit der Selbstentwicklung, und Bildung hat den Zweck, diese Selbstentwicklung anzuregen und zu leiten. Nicht mehr, aber auch nicht weniger. Diesen lebendigen Schülern treten nicht weniger lebendige Lehrer mit lebendigen Gedanken gegenüber. Wenn wir das endlich in vollem Umfang anerkennen, dann hat totes Wissen die längste Zeit einen Platz in der Bildung gehabt, denn totes Wissen ist Gift für die intellektuelle Selbstentwicklung.

Forstner: Wenn Sie von »totem Wissen« schreiben, dann taucht da auch immer der Begriff »inert ideas« auf. Was genau meinen Sie damit?

Whitehead: Wörtlich übersetzt heißt das wohl so viel wie »inaktive Ideen« oder »träge Ideen«. Damit meine ich Ideen, Gedanken oder Begriffe, die bloß aufgenommen werden, ohne sie anzuwenden oder zu prüfen oder in unverbrauchte, frische Zusammenhänge zu stellen.

Forstner: Also klassisches Auswendiglernen?

Whitehead: Ja, ein Gedicht, das der Schüler nicht versteht, das ihn nicht berührt, das seine Fantasie nicht anregt, ist eine inerte Idee. Sämtliche ach so wichtige Jahreszahlen der Geschichte bleiben inerte Ideen, wenn es dem Lehrer nicht gelingt, sie in Bezug zum Leben des Schülers zu setzen. Selbst der Satz des Pythagoras kann zur inerten Idee verkommen, wenn er nur dazu benutzt wird, Rechenkunststückchen aufzuführen, die mit dem Leben der Schüler nichts zu tun haben.

Forstner: Das wäre dann unnützes Wissen.

Whitehead: Mehr noch! Inerte Ideen sind nicht nur nutzlos, weil man mit ihnen die geistige Entwicklung weder anregen noch fördern kann. Sie sind darüber hinaus gefährlich![49]

Forstner: Gefährlich? Ist das jetzt nicht doch etwas überzogen?

Whitehead: Ganz und gar nicht! Entschuldigen Sie bitte, wenn ich jetzt wieder emotional werde, aber inerte Ideen sind tatsächlich Gift für die geistige Entwicklung, sie durchwachsen den Geist und zersetzen ihn, genauso wie bei der Trockenfäule Pilzfäden das Holz durchwachsen und es zersetzen. Das ist geistige Trockenfäule![50] Ich gehe davon aus, dass das das Schicksal vieler exzellenter Geister war und dass der gesamten Menschheit schon viel verloren gegangen ist …

Forstner: … und vermutlich immer noch verloren geht. Stimmt schon, vermutlich ist es nicht besonders wahrscheinlich, dass nur Platon oder Shakespeare oder Einstein besondere Fähigkeiten hatten, und es kann durchaus sein, dass viele, viele Menschen ihre besonderen Fähigkeiten erst gar nicht entwickeln konnten und können.

Whitehead: Womit wir wieder bei der Prämisse aller Prämissen sind, wenn es um Bildung und Erziehung geht: Nämlich, dass die Lernenden lebendig sind und sich entwickeln, und Bildung den vornehmlichen Zweck hat, diese Selbstentwicklung anzuregen und zu leiten.

Forstner: So, und jetzt endlich zu Ihren erzieherischen Geboten!

Erzieherische Gebote oder »Weniger ist mehr!«

Whitehead: Wenn wir die geistige Aktivität eines jungen Menschen so anregen wollen, dass sie sich optimal entwickeln kann, dann sollten wir zwei erzieherische Gebote beachten: »Unterrichte nicht zu viele Fächer!« und »Unterrichte das, was du unterrichtest, gründlich!«

Forstner: Aha!?

Whitehead: Enttäuscht? Ich hab Ihnen gesagt, dass es banal ist.

Forstner: Das meinte ich noch nicht mal, aber es ist auf jeden Fall völlig realitätsfern. Die Praxis in heutigen Schulen sieht genau andersherum aus.

Whitehead: Sie meinen, viele Fächer werden nur ein bisschen unterrichtet?

Forstner: So in etwa.

Whitehead: So entsteht aber doch keine geistige Aktivität, sondern genau jene geistige Trockenfäule, vor der ich stets gewarnt habe.

Forstner: Was genau habe ich mir eigentlich unter geistiger Aktivität vorzustellen? Meinen Sie einfach nur »denken«?

Whitehead: Nein, nein, dazu gehört viel mehr! Jetzt muss ich doch noch den aus Ihrer Sicht wohl recht antiquierten Begriff der »Kultiviertheit« bemühen. Denn Ziel von Erziehung und Bildung ist es meiner Ansicht nach, den Lernenden so etwas wie Kultur oder Kultiviertheit zu vermitteln. Und diese Kultiviertheit verstehe ich als geistige Aktivität, die nicht nur dazu dient, Wissen herunterzubeten. Was ich meine, ist eine geistige Aktivität, die mit der Empfänglichkeit für Schönheit und Menschlichkeit verbunden ist.[51] Vielleicht haben Sie dafür einen moderneren Begriff als »Kultiviertheit«?

Forstner: Wie wär's mit »Bildung« im vollsten Sinne des Wortes?

Whitehead: Ja, eigentlich schon, aber egal wie wir es nennen, ob geistige Aktivität, Kultiviertheit oder Bildung, nichts davon bekommen Sie, wenn Sie einfach nur möglichst viele Fächer lediglich ein bisschen unterrichten. Daraus resultiert nur die passive Rezeption von unzusammenhängenden Ideen und Begriffen, denen jeglicher Funke von Lebendigkeit fehlt.

Forstner: Also: »Weniger ist mehr«?!

Whitehead: Ja, weniger, aber das dafür gründlich! Beschränken wir die zentralen Ideen, die Kindern beigebracht werden, auf wenige, aber bedeutsame, und lassen wir diese in allen möglichen Kombinationen durchspielen. Kinder sollen sich diese

Ideen zu eigen machen und ihre Anwendung hier und jetzt mit Bezug zu ihrem unmittelbaren Leben und mit Freude am Entdecken verstehen. Im Grunde gibt es nur ein einziges Fach, und das ist das Leben selbst in all seinen Facetten. Aber was machen wir stattdessen? In meiner Zeit fütterten wir die Kinder mit Algebra, aus der nichts folgte, mit Geometrie, aus der nichts folgte, mit Naturwissenschaften, aus denen nichts folgte, mit Geschichte, aus der nichts folgte. Dazu ein paar Sprachen, die nie vollständig gemeistert wurden, und schließlich, das Ödeste überhaupt, Literatur, an der herumanalysiert wurde, bis nichts mehr von ihr übrig blieb. Kann von so einer Liste gesagt werden, dass sie das Leben repräsentiert, so, wie es ist, wenn wir es wahrhaft leben?

Forstner: Nein, natürlich nicht, zumal die Liste seit Ihrer Zeit auch noch länger geworden ist.

Whitehead: Das Beste, was man von so einer Liste noch sagen kann, ist, dass sie wie ein Inhaltsverzeichnis daherkommt, das eine Gottheit im Geiste durchgehen mag, während sie darüber nachdenkt, eine Welt zu erschaffen, aber noch nicht so recht weiß, wie sie das alles zusammensetzen soll.[52]

Forstner: Treffend gesagt, aber trotzdem ist das schon wieder recht abstrakt. Lassen Sie uns doch nach einer möglichen Landebahn Ausschau halten.

Whitehead: Ob wir uns mal ein konkretes Fach vorknöpfen? Vielleicht die gute alte Mathematik?

Forstner: Ja, gern. Sie sagen, dass wir den Kindern die Fächer so anbieten, dass nichts daraus folgt, zumindest nichts Lebendiges. Wenn wir jetzt die Mathematik nehmen, dann frage ich mich schon, was an einem so abstrakten Fach lebendig sein soll? Höchstens noch das reine Rechnen, das womöglich dann einen lebendigen Nutzen erhält, wenn es ums Taschengeld geht oder um die Einnahmen vom Flohmarkt. Ich kenne aber auch Kinder, die sich noch nicht einmal dafür interessieren.

Whitehead: Sehen das meine Kollegen auch so?

Forstner: Hören wir doch einfach mal rein …

Mathematik? Da kannste mich mit jagen!

Lesch: Beim Thema Rechnen würde heute möglicherweise ein Lehrer sagen: »Nee, nee, ich unterrichte Mathematik und kein Rechnen mehr! Ich unterrichte auch nicht mehr die Fähigkeit zu schreiben, sondern nur noch die Kompetenz zu schreiben.« Wir haben ja eine Aufweichung der Begrifflichkeiten im schulischen Sektor, wo man denkt: Moment mal, was soll das für eine Kompetenz sein? Entweder er kann schreiben, oder er kann's nicht! Aber Kompetenz ist offenbar so ein Begriff aus dem Niemandsland: Der Schüler könnte im Prinzip die Fähigkeit gewinnen, wenn er es wollte, aber er hat bis jetzt nur das Potenzial, diese Fähigkeit irgendwann einmal auch in die Tat umzusetzen. Da scheint einiges aus dem Ruder zu laufen. Wenn wir jetzt mal nur bis zur Mitte des 20. Jahrhunderts zurückgehen, dann haben wir in einem Gymnasium natürlich die Sprachen, aber es wurde auch ordentlich gerechnet, viel geschrieben und viel gelesen, sehr viel gelesen. Was ja dann dazu geführt hat, dass die Fähigkeiten der Kinder auch gut waren. Die Lese- und Schreibkompetenz waren einfach deutlich besser als bei heutigen Gymnasiasten. Das muss man schlicht anerkennen. Vom Rechnen wollen wir gar nicht reden, um Gottes willen! Wie man in Deutschland damit kokettieren kann, dass man keine Ahnung von Mathematik hat!? In einem Land, das eine der größten Exportnationen der Welt ist, wo Wissenschaft und Technik den Wohlstand des Landes praktisch garantieren. Und trotzdem gibt es eine riesige Schicht, sogar von studierten Menschen, die sagen: »Also Mathematik, da kannste mich mit jagen!« Und wie trifft derjenige dann seine Kaufentscheidung? Mit dem Bauch?

Vossenkuhl: Mit dem Bauch?!

Lesch: Ja, das ist zitiert. Das gibt's doch nicht! Was ist da passiert? Was haben wir mit unseren Bildungseinrichtungen, mit unseren Schulen gemacht, dass die so abstrakt geworden sind, dass es mit dem Leben nichts mehr zu tun hat?

Vossenkuhl: Ja, wenn ich das wüsste … aber ich gebe dir natürlich hundertprozentig recht: Rechnen, Lesen, Schreiben, das sind Grundkompetenzen. Warum heute so viele damit kokettieren, dass sie mit Mathematik nichts zu tun haben wollen? Weil sie darin so schlecht waren? Es werden dann immer so große Namen wie Einstein oder Churchill genannt, was natürlich völliger Unsinn ist. Es liegt aber vielleicht auch an den Lehrern, die nicht in der Lage sind, das Interesse an der Mathematik zu wecken. Stattdessen werden die Schüler mit Abstrakta übergossen nach dem Vogel-friss-oder-stirb-Prinzip. Bei einem 12- oder 13-Jährigen in der Pubertät entsteht dann schnell der Schrecken: Oje, ich kapiere das nicht! Beim Lesen und Schreiben ist das nicht so. Woher kommt das?

Lesch: Ja, woher?

Vossenkuhl: Zum Beispiel die Steiner-Schulen, die sogenannten Waldorf-Schulen, die sagen, es liegt daran, dass das Eingangstor zur Entwicklung, die schließlich Bildung werden soll, die musischen Fächer sind, das heißt, es ist so, wie wenn du ein Saiteninstrument nimmst und eine Saite zupfst. So lange du nicht weißt, welche Saiten man zupft, klingt das Ganze schrecklich, wenn du es aber gelernt hast, dann geht es quasi in dich über. Der Vorrang des Musischen soll dann auch bei der Vermittlung der Mathematik helfen, denn wenn man die Mathematik über die Anschauung und Vorstellungskraft sozusagen musisch vermittelt, dann, so meinte Steiner, entstehen auch abstrakte Vorstellungen.

Lesch: Machst du jetzt Werbung für Waldorf-Schulen?

Vossenkuhl: Nein, nein, versteh mich nicht falsch, das war nur ein Beispiel für ein alternatives Konzept, das sicher auch seine Fehler hat. Ich glaube nicht, dass die Fragen, die wir hier anreißen, jemals ganz befriedigend und perfekt beantwortet werden können. Aber es ist schon was dran, wenn ein Mathematiklehrer den Glanz des mathematischen Tuns vermitteln kann. Und wenn man dann selbst in der Lage ist, zu rechnen, das kann eine richtige Freude sein. Ich kann mich noch gut erinnern an die Aufgaben mit Punkt und Linie, wo wir mit Lineal, Bleistift und Zirkel geometrische Objekte konstruiert haben und an das erhebende Gefühl, wenn das hingehauen hat.

Lesch: Großartig, oder?

Vossenkuhl: Ja, und das muss vermittelt werden. Wenn man aber nur den Schrecken vor dem eigenen Nicht-Können vermittelt bekommt, dann ist das Tor geschlossen. Ich finde, genau das ist der Knackpunkt, dass man das, was man selbst vielleicht nie erreicht hat, quasi alchimistisch den Zöglingen zumutet, die man unterrichtet. Man verlangt ihnen etwas ab, was man selbst nicht geschafft hat.

Lesch: Ja, die schlimmsten Feinde der Elche waren früher selber welche.

Vossenkuhl: Und das ist das Schlimme: Statt dass man mit Liebe zu denen, die noch nichts können, sachte vorgeht, nimmt man einfach das kalte Wasser der Mathematik und übergießt sie damit – und dann sitzt der Schrecken fest.

Lesch: Für immer!

Vossenkuhl: Nicht unbedingt, es gibt ja, wie du weißt, so eine Art weltumspannenden Klub der spätberufenen Mathematiker.

Lesch: Aha? Nee, wusste ich nicht.

Vossenkuhl: Die gibt's, wirklich!

Lesch: Und das sind dann die, die erst später zu Potte kommen?

Vossenkuhl: So mit 30, 40 oder auch in deinem jugendlichen Alter noch.

Lesch: Dann aber!

Vossenkuhl: Plötzlich entdecken die: Mensch, Mathematik ist was Schönes! Also zum Beispiel der große Dichter Hans Magnus Enzensberger, der hat auch erst spät seine Liebe zur Mathematik entdeckt.

Für Bildung ist es nie zu spät – oder doch?

Whitehead: Tja, schade, dann ist die Mathematik also immer noch eines dieser Schulfächer, deren Hauptzweck darin besteht, auf die nächste Prüfung vorzubereiten?

Forstner: Ich fürchte, so sieht es in den allermeisten Fällen tatsächlich immer noch aus. Wie stehen Sie eigentlich zu der Idee, dass man das, was in jungen Jahren versäumt wurde, später nachholen kann? Können wir das Tor zur Mathematik auch später noch aufstoßen, oder bleibt es für immer verschlossen, wenn wir in der Schule keinen passenden Schlüssel bekommen haben?

Whitehead: Ich befürchte, dass Letzteres der Regelfall ist, allein schon aus ganz praktischen Gründen. Wer außer ein paar Privilegierten hat denn nach den Schuljahren noch Zeit, sich mit verpassten Lerninhalten zu beschäftigen?

Forstner: Also dann doch alles in die Schule packen? Und diese Zeit nutzen so gut es eben geht, um mit kontinuierlichem Lernen vom Leichten zum Schweren vorzudringen?

Whitehead: Bloß das nicht! Da nennen Sie zwei Bildungsprinzipien, die völlig unsere Prämisse von eben ignorieren, nämlich, dass unsere Kinder und Jugendlichen lebendig sind. Weder »leicht-vor-schwer« noch »kontinuierlicher Fortschritt« eignen sich, die lebendige geistige Entwicklung zu fördern.

Forstner: Na ja, aber Sie können ja schlecht mit Bruchrechnen und Aufsatzschreiben anfangen.

Whitehead: Wohl nicht, aber was ich meine, ist Folgendes: Linearität, Kontinuität, Takt – das ist etwas für Maschinen, aber so lebt kein Lebewesen. Das Leben besteht aus Zyklen, es verläuft rhythmisch. Kein Kind wächst kontinuierlich jeden Tag so und so viele Millimeter, und auch der lebendige Geist begreift nicht kontinuierlich so und so viele Zusammenhänge. Aber Schule ist scheinbar immer noch so aufgebaut, als ob es da ein geradliniges kontinuierliches Fortschreiten gäbe.[53]

Forstner: Gut, also rhythmisches anstatt kontinuierliches Lernen, aber trotzdem muss man doch mit dem Leichten anfangen, bevor man sich zum Schweren wagen kann.

Whitehead: Ganz im Gegenteil! Einige der schwierigsten Lerngegenstände müssen zuerst kommen, weil die Natur es so vorschreibt und weil sie unverzichtbar für das Leben sind. Oder würden Sie die Aneignung von Sprache als einfach bezeichnen?[54]

Forstner: Nein, natürlich nicht, aber das Erlernen der Muttersprache findet ja auch bereits vor dem Schuleintritt statt …

Whitehead: … und damit hat es keine Relevanz mehr für den Schulbetrieb? Ich sehe das genau andersherum, wir sollten das Erlernen der Muttersprache als Vorbild für das Lernen in Bildungseinrichtungen nehmen, eben weil es unabhängig davon stattfindet und weil es so gut wie immer zum Erfolg führt, was man von vielen Bemühungen in den Schulen wohl eher nicht behaupten kann.

Forstner: Ja, da haben Sie recht – leider. Jetzt ist mir aber immer noch unklar, wo es hier rhythmisch oder zyklisch zugeht. Sie schreiben in Ihren Aufsätzen, dass die zyklischen Prozesse des geistigen Wachstums aus drei Stadien bestehen: »Romantik«, »Präzision« und »Verallgemeinerung«.[55] Ehrlich gesagt, klingt das schon wieder recht starr, eher geeignet für die Beschreibung eines vorgegebenen Taktes als für einen lebendigen Rhythmus.

Whitehead: Ja, so ist das leider mit Begriffen und Klassifizierungen: Man braucht sie, um klar zu machen, was man meint, aber dann muss man sehr aufpassen, dass man sich nicht zum Sklaven seiner eigenen Systematik macht und doch wieder am

Leben vorbeianalysiert. Kurz, das Flugzeug muss auch wieder landen. Lassen wir mal diese Stadien beiseite und bleiben beim Rhythmus von Erziehung und Bildung. Darunter verstehe ich ein ganz praktisches Bildungsprinzip, nämlich, dass unterschiedliche Lerngegenstände und Lernwege den Schülern dann nahegebracht werden sollten, wenn sie das dafür geeignete Stadium ihrer geistigen Entwicklung erreicht haben.

Forstner: Also alles zu seiner Zeit.

Whitehead: Eigentlich wieder banal, nicht!? Und doch wird im Bildungsbetrieb so wenig Rücksicht darauf genommen.

Forstner: Könnten Sie jetzt noch etwas zu diesen Stadien sagen: »Romantik«, »Präzision«, »Verallgemeinerung«? Ich verspreche Ihnen auch, das nicht als starres Schema zu betrachten.

Whitehead: Ich möchte diese Stadien gern als Phasen geistigen Wachstums mit zyklischer Wiederkehr verstanden wissen, also immer verschieden, keine wie die andere und doch mit ähnlichem Muster, eben rhythmisch.

Das Beste kommt vor der Schule: Sprechenlernen

Forstner: Lassen Sie uns doch mit der Romantik anfangen, was passiert da?

Whitehead: Die Phase der Romantik ist die Zeit der ersten Einsicht. Der Unterrichtsgegenstand besitzt noch die Lebendigkeit des Neuen. Da gibt es unerforschte Zusammenhänge und angedeutete Möglichkeiten, die sich nur erahnen lassen, aber noch verborgen bleiben unter der schieren Fülle an Material. Der romantische Geist ist in Aufregung darüber, dass er zwischen den bloßen Tatsachen erste Beziehungen entdeckt; er sammelt Wissen, aber noch völlig unsystematisch.

Forstner: Klingt schön, aber entspricht das auch den Tatsachen? Wir wollten das Flugzeug ja immer mal wieder landen lassen. Also brauchen wir jetzt ein konkretes Beispiel.

Whitehead: Ich würde gern beim Spracherwerb bleiben, eben weil wir hier noch außerhalb der Bildungseinrichtungen sind und wir so die beste Möglichkeit haben, einen kompletten Zyklus geistigen Wachstums unverfälscht zu beobachten.

Forstner: Und welches Geschehen würden Sie hier als Phase der Romantik betrachten?

Whitehead: Ich bin ja nun kein Entwicklungspsychologe, aber ich habe das Sprechenlernen meiner drei Kinder erleben dürfen, und ich denke, die Wahrnehmung erster Objekte und die Entdeckung ihrer Beziehungen zueinander ist nichts anderes als diese erste romantische Phase, die dann später zur Sprache führt. In den meisten Fällen geschieht das wohl in der Interaktion mit der Mutter.

Forstner: »Bezugsperson« würde man heute sagen. Aber egal, das passt auch zu meinen Erinnerungen, die ich an die vorsprachliche Zeit meiner Tochter habe. Da wird beobachtet und geschaut und ausprobiert und alles ist von starken Emotionen begleitet, da gibt es ein überglückliches Lachen für den Krach, den die Babyrassel macht, und gleich danach ein verstörtes Weinen für den vorbeirauschenden Zug. Das könnte man durchaus als romantische Phase bezeichnen.

Whitehead: In der Phase der Präzision wächst das Wissen weiter. Nun werden die Tatsachen und Beziehungen, die in ihrer Allgemeinheit bereits vage erfasst wurden, geordnet und analysiert und mit neuen Tatsachen angereichert, die zu weitergehenden Einsichten führen. Ganz wichtig ist dabei, dass jeder Phase der Präzision eine Phase der Romantik vorausgehen muss. Das ist der Punkt, an dem meiner Ansicht nach die Bildungseinrichtungen nur zu oft scheitern, denn ohne vorhergehendes romantisches Sammeln von Tatsachen und Beziehungen bleibt die Präzision vollkommen unfruchtbar, denn da ist dann einfach nichts, das sich analysieren ließe. Übrig bleibt die Analyse von Nichts mit einer Reihe von bedeutungslosen Aussagen über schmucklose Fakten, künstlich erzeugt und ohne weitere Bedeutung.

Forstner: Ja, so kommt Schule leider oft daher. Ich denke gerade daran, wie meine Tochter in der zweiten Klasse das Alphabet rückwärts aufsagen sollte. Das kam mir tatsächlich sehr künstlich vor, zumal ich das selbst nicht kann und auch nie im Leben gebraucht habe. Was wäre denn Ihrer Meinung nach eine gelungene Präzision?

Whitehead: Bleiben wir beim Spracherwerb: In der Phase der Präzision lernt ein Kind, die Objekte und Beziehungen, die es in der romantischen Phase entdeckt hat, zu benennen. Kurz, es lernt sprechen.

Forstner: Wenn man es sich so überlegt, leisten die kleinen Wesen hier Unglaubliches und von »leicht-vor-schwer« kann wohl wirklich nicht mehr die Rede sein. Eine Phase fehlt uns aber noch, oder?

Whitehead: Ja, die Phase der Verallgemeinerung. Sie ist in gewissem Sinne eine Rückkehr zur Romantik mit dem Vorteil, dass nun Ideen und Methoden dazugekommen sind, die in der Phase der Präzisierung erworben wurden. Jetzt kann sich entfalten, was während der Präzisierung oft mühsam erlernt werden musste. Jetzt kommt der endgültige Erfolg.

Forstner: Endgültiger Erfolg? Also ich weiß nicht recht …

Whitehead: Wie würden Sie es bezeichnen, wenn ein Kind letztendlich nicht nur einzelne Wörter und einfache Sätze artikulieren kann, sondern Sprache wirklich gebrauchen kann?

Welche Möglichkeiten, welche Entfaltung, welches Vergnügen sind nun möglich? Ich kann hier nichts anders als vollkommenen Erfolg entdecken, und das alles ohne das Zutun irgendeiner Bildungseinrichtung.

Forstner: Zugegeben, das ist faszinierend, und natürlich wäre es fantastisch, wenn sich das auf andere Lerninhalte übertragen ließe. Glauben Sie wirklich, dass das gelingen kann?

Whitehead: Wäre es nicht wenigstens einen Versuch wert?

Schule mit Erfolgsgarantie: Geht das?

Forstner: Was haben wir bis jetzt? Wir haben geistiges Wachstum, das wohl kaum linear und kontinuierlich, sondern eher in Zyklen verläuft. Das Ende eines Zyklus ist dann erreicht, wenn man sich den Lerngegenstand vollkommen zu eigen gemacht hat, das heißt, wenn man ihn beherrscht und gebrauchen kann. Ein prima Beispiel dafür ist das Erlernen der Muttersprache von der ersten, vagen Wahrnehmung über die Aneignung von Sprache bis zu klassifizierten Gedanken und schärferer feinerer Wahrnehmung. Dieser Zyklus ist insofern besonders, weil er unabhängig von Bildungseinrichtungen zu beobachten ist; er ist also unverfälscht. Und zudem zeichnet diesen unverfälschten Zyklus etwas aus, das den späteren Bildungsbemühungen leider häufig fehlt, nämlich, dass er zum vollkommenen Erfolg führt. Am Ende kann das Kind sprechen, seine Ideen sind geordnet und seine Wahrnehmung ist geschärft. Der Zyklus hat sein Ziel erreicht. Aber leider lässt sich das von vielen Bemühungen in unseren Bildungseinrichtungen nicht sagen.[56]

Whitehead: Perfekte Zusammenfassung!

Forstner: Vielen Dank! Aber jetzt sind Sie wieder dran. Mir ist völlig schleierhaft, wie Sie das auf Schule oder Universität übertragen wollen. Die Bedingungen, die beim Erlernen der Muttersprache gegeben sind, lassen sich nicht einfach reproduzieren, oder wollen Sie Schule generell abschaffen, dann bleibt ja wirklich alles an den Eltern hängen. Das mag ich mir noch nicht einmal vorstellen!

Whitehead: Nein, nein, keine Angst, ich halte nicht viel vom Home-Schooling. Ich selbst bin ja bis zu meinem 15. Lebensjahr zu Hause unterrichtet worden, weil meine Mutter der Meinung war, meine Konstitution sei zu schwächlich, um in die Schule zu gehen. Das hat meiner intellektuellen Entwicklung zwar nicht geschadet, aber mir fehlte doch der Kontakt zu Gleichaltrigen.[57]

Forstner: Wie können wir also Schule verbessern? Hier passt der Begriff »verbessern« doch, oder?

Whitehead: Ja, kein Problem, eine Institution wie die Schule kann immer verbessert werden, ein Lebewesen wie der Mensch doch eher nicht. Was wir tun sollten, ist Folgendes: Wir sollten nach zyklischen Prozessen suchen, die in begrenzter Zeit ihren Verlauf nehmen und innerhalb ihrer eigenen eingeschränkten Sphäre zum vollständigen Erfolg führen können. Aber stattdessen werden Aufgaben in unnatürlicher Art und Weise gestellt, ohne Rhythmus, ohne Ansporn und ohne Konzentration. Das

zwangsläufige Ergebnis ist fehlendes oder gar zerstörtes Interesse und mangelhafte Fähigkeiten, kurz: Scheitern statt Erfolg und Vergnügen.

Forstner: Zerstörtes Interesse, ja, leider auch das. Ich weiß noch, wie ich mich auf meinen ersten Geschichtsunterricht gefreut habe und wie enttäuscht ich war, als es da rein gar nichts zu entdecken gab. Statt Geheimnisse der Menschheit gab's ein langweiliges Buch, mit langweiligen Texten und jeder Menge Zahlen, die man auswendig lernen musste. Geschichte hat mich dann erst nach der Schulzeit wieder interessiert.

Whitehead: Kaum zu glauben, dass Sie gut hundert Jahre nach mir zur Schule gegangen sind. Hat sich denn wirklich gar nichts geändert? Wie ist das jetzt bei Ihrer Tochter?

Forstner: Auch nicht anders, sie lernt in der dritten Klasse in Musik gerade, was eine punktierte Note ist. Da Instrumentalunterricht nicht zum Schulunterricht gehört – was ich nebenbei bemerkt wirklich schade finde –, frage ich mich schon, was das soll. Da wird die Klasse mal eben ohne äußere Not in Sieger und Verlierer eingeteilt. Die Kinder, die ein Instrument spielen, wissen längst, was es mit den Noten auf sich hat, während die anderen plötzlich gar nichts mehr verstehen, und so macht Musik ihnen von heute auf morgen keinen Spaß mehr, obwohl sie vielleicht von Herzen gern singen.

Whitehead: Schade und schrecklich zugleich. Wie viel verschwendetes Potenzial! Ich für meinen Teil weiß noch nicht einmal, ob ich so etwas wie musikalisches Potenzial je hatte, denn ich habe wirklich gar keine musische Erziehung abbekommen. Aber noch mal zurück zu unseren zyklischen Prozessen. Sie haben gar nicht gefragt, was ich mit Rhythmus, Ansporn und Konzentration meine.

Forstner: Na ja, ich denke mal, mit Rhythmus meinen Sie ihre drei Phasen, also Romantik, Präzision und Verallgemeinerung. Ansporn ergibt sich überall dort, wo ein wirklicher Bezug zum Leben besteht, und die Aussicht auf erreichbaren Erfolg ist an sich schon ein Ansporn. Und Konzentration, tja, die braucht es eben beim Lernen.

Whitehead: … und wieder fehlt mir ein eindeutiger Begriff. Mit Konzentration meine ich eigentlich etwas Anderes, etwas, das auch mit dem Prinzip »Weniger ist mehr« zu tun hat. Ich meine, dass nicht alle Fächer zur gleichen Zeit in derselben Zyklusphase sein dürfen, ein solcher Konkurrenzkampf ist unbedingt zu vermeiden. Es wäre die totale Überforderung und Zerfledderung, wenn sich Fremdsprachen und Naturwissenschaften gleichzeitig in der Phase der Präzision befinden würden.

Forstner: Genau das ist aber immer noch die Realität in der Mittelstufe.

Whitehead: Dann muss ich kein Hellseher sein, um zu wissen, dass die Anzahl der Kinder, die durchfallen, in der Mittelstufe immer noch höher ist als in der Grund- und Oberstufe?

Forstner: Richtig! Jetzt versuche ich mich mal als Hellseher: Als Mathematiker geben Sie sicher den Naturwissenschaften den zeitlichen Vorrang vor den Fremdsprachen.

Whitehead: Da muss ich Sie leider enttäuschen! Sprache kommt zuerst! Gleich nach der Beherrschung der Muttersprache in Wort und Schrift sollten die Fremdsprachen kommen. Meiner Ansicht nach kann jedes durchschnittlich begabte Kind ein bis zwei Fremdsprachen meistern, wenn man nur konzentriert genug vorgeht. Damit meine ich, dass erst Kapazitäten für Naturwissenschaften frei sind, wenn bei den Fremdsprachen die Phase der Verallgemeinerung, also der Anwendung erreicht ist. Gleichzeitig Vokabeln, Grammatik und physikalische Formeln pauken, das kann nur zu Überforderung und Frustration führen.

Forstner: Aber Sie können die Naturwissenschaften doch nicht zurückstellen, bis die Kinder fließend Englisch und womöglich noch eine weitere Sprache sprechen. Da sind sie ja mindestens 15!

Whitehead: Warum nicht? Außerdem geht es mir ja auch nicht darum, die Naturwissenschaften zugunsten der Sprachen komplett auszuklammern. Worum es mir geht, ist, dass die Naturwissenschaften ruhig noch in der Phase der Romantik bleiben können, während die Fremdsprachen präzisiert werden, was ja nichts anders bedeutet als Vokabeln und Grammatik zu pauken. In der Natur gibt es so viel zu entdecken, lassen wir die Kinder und Jugendlichen doch erst selbst hinschauen und selbst experimentieren, bevor wir die Natur ins Korsett der Physik und Chemie pressen.

Forstner: Soweit ich weiß, beginnt im Gymnasium der Physikunterricht tatsächlich erst in der 8. Klasse, da sind die Kinder dann etwa 13 Jahre alt. Passt das so?

Whitehead: Also ich würde noch zwei Jahre dazugeben, damit die Fremdsprachen auch wirklich in der Phase der Verallgemeinerung angekommen sind und der Kopf frei ist für physikalische Theorien.

Forstner: Kann man das denn wirklich so trennen: Romantik, Präzision, Verallgemeinerung?

Whitehead: Nein, nein, da hätte ich mich ja gründlich missverständlich ausgedrückt! Die Phasen geistigen Wachstums dürfen auf keinen Fall scharf voneinander getrennt werden. Das greift alles ineinander, die Zyklen sind miteinander verflochten, überschneiden sich, kleinere Zyklen sind in größere eingebettet. – Da würde ich jetzt eigentlich gern auf mein eigenes Fach blicken, das ich so lange studiert und unterrichtet habe: die Mathematik.

Forstner: Nur zu!

Whitehead: Gerade in der Mathematik darf die große Phase der Präzision nicht nur aus Analysieren und Beweisen bestehen. Darin eingebettet sollten viele kleine Zyklen sein, die ihrerseits wieder mit romantischen Elementen anfangen. Ein geometrisches Prinzip muss doch erst einmal entdeckt werden, bevor man es analysieren und verallgemeinern kann.

Forstner: Also, keine Schubladen, sondern flexible lebensnahe Zyklen!?

Whitehead: Ganz genau! Romantik, Präzision und Verallgemeinerung müssen eigentlich immer vorhanden sein, damit Bildung gelingen kann, lediglich die Gewichtung ändert sich.

Mathematik? Da führt kein Weg dran vorbei

Forstner: Bleiben wir noch etwas bei der Mathematik, und lassen Sie uns noch mal zu der Feststellung von Harald Lesch zurückkommen, dass man viele Leute damit jagen kann. Ich frage mich, ob wir hier mit unserem zyklischen Modell von Romantik, Präzision und Verallgemeinerung weiterkommen. Oder müssen wir einfach akzeptieren, dass es in jeder Generation immer nur ein paar Nerds gibt, die die Mathematik allen Abschreckungen zum Trotz lieben?

Whitehead: Ja, die gab es immer, aber das sind zu wenige, um dem tatsächlichen Sachverhalt gerecht zu werden.

Forstner: Was meinen Sie mit »tatsächlichem Sachverhalt«? Mathematik ist und bleibt nun mal die abstrakteste Disziplin, die wir haben. Vielleicht müssen wir einfach akzeptieren, dass das nur wenigen liegt.

Whitehead: Mit Verlaub, aber das ist vollkommener Unsinn! Es ärgert mich, wenn ich von einem Menschen Ihrer Generation immer noch höre, was ich schon zu meiner Zeit leidenschaftlich bekämpft habe. Es stimmt einfach nicht, dass Mathematik zu abstrakt für die große Mehrheit ist!

Forstner: Und das ist der »tatsächliche Sachverhalt«?

Whitehead: Mehr noch! Mathematik ist nicht abstrakt, sondern ein konkretes Werkzeug, das geschaffen wurde, um die quantitativen Aspekte der Welt klarzumachen.

Forstner: Aber offenbar kommen viele ganz gut ohne dieses Werkzeug aus, dann werden Kaufentscheidungen eben mit dem Bauch getroffen – wie in der Anekdote von Prof. Lesch.

Whitehead: Das kann aber nicht lange gut gehen, wenn man nicht über unerschöpfliche Geldquellen verfügt. Wir können der Quantität nicht ausweichen. Selbst wenn Sie sich in Poesie und Musik flüchten, begegnen Sie Quantitäten und Zahlen in Form von Rhythmen und Oktaven. Denken Sie an den Musikunterricht Ihre Tochter und die punktierten Noten: Das ist Mathematik! Die Welt ist durch und durch infiziert von Quantität. Da gibt es kein Entkommen. Es macht wenig Sinn zu sagen:

»Das Land ist groß« – »Wie groß?« Was soll die Aussage: »Rohstoffe sind knapp«? – »Wie knapp?« Sinnvolle Aussagen über die Welt zu machen, bedeutet auch, quantitative Aussagen zu machen.[58]

Forstner: Ja, klar, aber da sind wir immer noch bei recht einfachen, weil konkreten Teilen der Algebra und noch weit entfernt von abstrakten Zusammenhängen wie etwa bei quadratischen Gleichungen.

Whitehead: Richtig, und tatsächlich bezweifle ich, ob die algebraischen Lösungen quadratischer Gleichungen und Ähnliches in den Bereich der Allgemeinbildung gehören. Ich würde das eher als ein Spezialgebiet der Mathematik sehen, das man getrost aufschieben kann, bis das Interesse dafür gereift ist beziehungsweise bis es gebraucht wird. Das meine ich keinesfalls herabmindernd, Sie wissen ja, dass ich Spezialisierung für einen wichtigen, ja notwendigen Bestandteil von Erziehung und Bildung halte.

Forstner: Über Spezialisierung und Expertentum wollte ich später noch mit Ihnen reden, aber bleiben wir erst einmal bei der Allgemeinbildung. Was ist hier in puncto Mathematik beziehungsweise Algebra zu tun?

Whitehead: Man müsste sich über diejenigen quantitativen Aspekte der Welt klar werden, die einfach genug sind, um sie in die Allgemeinbildung einzubeziehen. Daraus ergibt sich, welche Teile der Algebra tatsächlich gebraucht werden, und zwar als ernstzunehmendes Mittel zur Untersuchung der Welt.

Forstner: Einfach genug? Dann bleibt aber von der Schönheit und Faszination der Mathematik nicht recht viel mehr übrig als die vier Grundrechenarten.

Whitehead: Mitnichten!

Forstner: Bitte landen! Finden wir ein ganz konkretes Beispiel für einen einfachen, also jedem einleuchtenden quantitativen Aspekt der Welt, dessen Untersuchung uns mehr abverlangt als Plus, Minus, Mal und Geteilt?

Whitehead: Mir fällt dazu die Bevölkerungsentwicklung ein. Es lässt sich intuitiv, also ganz ohne Mathematik erfassen, dass das Zusammenspiel von Geburten und Sterbefällen zu einer wachsenden oder schrumpfenden Bevölkerung führt. Aber um diese Zusammenhänge zu untersuchen, brauchen wir mehr als die vier Grundrechenarten. Sie brauchen die abstrakten Ideen von Variablen, Funktionen, Veränderungsraten, Gleichungen und deren Lösungen. Mit diesen Werkzeugen können Sie große Teile der Geschichte einer Bevölkerung offenlegen: Katastrophen, wie Seuchen und Kriege, aber auch Fortschritte in Hygiene und Medizin, ebenso wie ökonomische Entwicklungen. Das alles lässt sich an der Bevölkerungsentwicklung ablesen, wenn Sie die passenden Werkzeuge beherrschen. Und Sie haben damit noch etwas erreicht, nämlich Geschichte lebensnah untersucht, anstatt aus Geschichte einen trockenen Katalog aus Daten und Namen zum Auswendiglernen zu machen.

Forstner: Geschichte soll mit Mathematik untersucht werden? Sie plädieren also dafür, noch viel interdisziplinärer, also fächerübergreifender zu unterrichten?

Whitehead: Ja, natürlich, nur so zeigt sich, was ein Werkzeug wie die Algebra kann. Genauso ist es mit der Geometrie. Solange man nicht selbst eine Landvermessung gemacht hat und eine Karte gezeichnet hat, bleibt die Geometrie eine hübsche, aber unbrauchbare Trickkiste.

Forstner: Kann das wirklich funktionieren? Nimmt man damit nicht denen, die vielleicht wirklich keine Begabung für Mathematik haben, auch noch den Spaß an den vermeintlich nicht-mathematischen Fächern, wie eben Geschichte? Ich könnte mir vorstellen, dass es nicht wenige Schüler gibt, die lieber ein paar Jahreszahlen zu Kriegen, Seuchen, Erfindungen usw. auswendig lernen, anstatt mit algebraischen Mitteln Kurven der Bevölkerungsentwicklung zu untersuchen.

Whitehead: Da bin ich Optimist und mag einfach nicht glauben, dass es so etwas wie völlige Unbegabtheit für Mathematik wirklich gibt. Eher schon, dass in sehr jungen Jahren sehr viel falsch gemacht wird; das hat mein Kollege Vossenkuhl vorhin sehr schön beschrieben. Aber ich muss Ihnen auch ein bisschen recht geben, denn es stimmt natürlich, dass es nicht den einen wahren Gedankengang gibt, der alle Kinder gleichermaßen fasziniert. Es gibt nicht den einen großartigen, faszinierenden Vortrag, der die ganze Klasse ein für alle Mal anspornt. Alles, was man als Lehrer tun kann, ist, Erklärungen einzustreuen und Richtungen aufzuzeigen, in die die Gedanken gehen sollen. Den Schülern muss immer wieder, gerade in der Mathematik, die Gelegenheit gegeben werden, zu fühlen, dass sie etwas Wirkliches und Lebendiges studieren, das mit der Welt zu tun hat, und dass sie nicht lediglich intellektuelle Kunststückchen aufführen.[59]

Von Hebammen, Ärzten und Adalbert Stifter

Lesch: Es ist schon interessant. An der Mathematik lässt sich meiner Ansicht nach exemplarisch zeigen, wie wir immer weiter und weiter von der wirklichen Welt weggehen. Im technologischen Bereich sehen wir ja den Hingang zum Digitalen, ich denke da an diese Virtual-Reality-Brillen, wo man sich dann in irgendeine Welt hineinschießen kann. Also man kann praktisch die Augen vor der Wirklichkeit verschließen, indem man sich einfach eine Brille aufsetzt. Das ist doch der Gipfel! Und

die Strömung, die dahinter steckt, ist ja, dass dem theoretischen Wissen ein ganz deutlicher Vorrang vor dem praktischen Wissen gegeben wird.

Vossenkuhl: Das ist wahr.

Lesch: Also eine Hebamme verdient wesentlich weniger als ein Arzt, auch wenn dieser zum ersten Mal im Kreißsaal ist. Eine Hebamme, die seit 25 oder 30 Jahren Kinder zur Welt gebracht und den Gesamtvorgang schon x-mal durchlaufen hat, die weiß intuitiv, was zu tun ist:»Oh, das ist so ein Typ, da müssen wir …« Aber sie hat von ihrem Erfahrungswissen finanziell betrachtet nichts. Stattdessen geben wir dem theoretischen Wissen, was möglichst in Form eines Zertifikates nachzuweisen ist, extremen Vorrang. Und in der schulischen Ausbildung sind es eben dann die abstrakten Themen, die so früh an die Kinder herangebracht werden, dass man sich fragen muss: Sagt mal, habt Ihr noch alle Tassen im Schrank?! Ich meine, Anschauung hat doch was mit unseren Augen zu tun. Also es muss etwas da sein, was uns dazu bringt zu sagen, oh, da gibt's ein Problem, dafür hätte ich gern eine Lösung – die manchmal dann mathematisch sein kann. Wenn sie mathematisch ist, hat sie was mit Zahlen zu tun, mit Operationen wie Subtrahieren, Addieren, Multiplizieren und so weiter. Also müsste man doch eigentlich gerade so ein in seiner späteren Ausformung hoch abstraktes Fach total praktisch angehen: Ab an die Baustelle und zum Schreiner! Geht dahin, und ihr werdet sehen, dass man das gar nicht ohne Mathe machen kann, dass Mathe nicht die Erfindung von irgendwelchen Perversen ist, sondern wir sie in so vielen Bereichen brauchen. Man hätte zum Beispiel nicht navigieren können ohne Mathematik.

Vossenkuhl: Also es gab ja schon im 19 Jahrhundert Schulen, die diese kognitivistische oder szientistische Ausformung vermieden haben. Der von mir – und ich glaube auch von dir – sehr geschätzte Schriftsteller Adalbert Stifter ging in eine Klosterschule von Benediktinern, die im frühen 19. Jahrhundert eine stark wissenschaftsorientierte Ausbildung machten, aber immer mit dem praktischen Blick. Die haben zum Beispiel nicht einfach Biologie unterrichtet, sondern sie haben die Jungs – Mädchen waren ja leider ausgeschlossen – in die Natur geführt und ihnen Naturverständnis vermittelt: Pflanzen, Mineralien, Sterne usw., also die sichtbare Natur. Die Mathematik diente dann dazu, den Himmel zu erklären. Das ist dem Stifter in Fleisch und Blut übergegangen. Ich denke da an seinen großen Roman »Nachsommer«: Da entstehen nicht nur Häuser, die man sogar nachzeichnen könnte, sondern ganze Gärten, in denen Rosen und andere Gewächse so angeordnet werden, dass das Unkraut, ohne dass man dagegen groß zu Felde ziehen muss, reduziert wird.

Lesch: Dann kommen die Vögel, die davon angezogen werden …

Vossenkuhl: Ja, da sind Wissenschaft und Praxis noch nah beieinander, ganz anders als in deinem Hebammenbeispiel.

Lesch: Genau, und wenn die Hebamme noch so gut ist, am Ende wird der Arzt entscheiden.

Vossenkuhl: Andererseits haben wir in Deutschland ja das duale Ausbildungssystem …

Lesch: Das ist wirklich toll, muss man sagen!

Vossenkuhl: Wenn es richtig durchgeführt wird, ist es wunderbar, denn dann sind das Schulische und die Praxis in Balance, und natürlich führt das zum Beispiel beim Schreiner auch dazu, dass er, wenn er auch eine solide theoretische Ausbildung hat, ein besserer Schreiner ist.

Lesch: Klar!

Forstner: **Ist ein so ausgebildeter Schreiner ein Experte, wie er Ihnen gefällt?**

Whitehead: **Ja, durchaus!**

Vossenkuhl: Oder wenn der Metzger eine vertiefte Ausbildung zum Thema genossen hat, was gute Ernährung ist, dann kann er auch der bessere Metzger sein und dann verdient er auch unter Umständen mehr.

Lesch: Sicher, aber das ist ein »Hinterher«! Was ist mit dem Anfang? Bei vielen Dingen geht es doch erst mal um Praxis, auch bei der Mathematik. Es ist einfach sehr gut, schnell rechnen zu können, sich im Zahlenraum auszukennen, um relativ schnell eine positive Rückkopplung zu bekommen: Ah, der hat versucht, mich zu betrügen, ich bin aber gleich dahintergekommen, die Zahl ist gar nicht so groß, wie er meinte – und so weiter. Das kann bei Kaufentscheidungen eine wichtige Rolle spielen: »Moment mal, das 250-g-Paket, was sie jetzt da haben, das ist aber doch eigentlich viel teurer, wenn ich mir das mal zurückrechne, früher hat das 500g Paket …« Es gibt doch immer wieder große Diskussionen darüber, wie wir in deutschen Supermärkten pausenlos übers Ohr gehauen werden. Man gaukelt uns vor, es sei viel billiger, in Wirklichkeit aber gab es dramatische Preiserhöhungen. Und das ist doch eine positive Rückkopplung: Aha, ich kann also durch Mathematik nicht nur Probleme lösen, die irgendwo von außen gestellt werden, ich kann meine eigenen Probleme lösen. Was natürlich in ganz praktischem Sinne auch bedeutet, dass man merkt, man ist verbesserungsfähig. Da komme ich wieder auf deinen Punkt zurück, dass man es ja selbst merkt: Ich bin lernfähig! Und zwar nicht nur bei irgendwelchen körperlichen Sachen, dass ich zum Beispiel durch Training stärker werde, sondern ich kann auch meine Erkenntnisfähigkeit verbessern. Wichtig dafür ist ebendieser Dialog mit der Umgebung, also dass Erfahrung klug macht. Aber dann so einen theoretischen Sprung zu machen, das ist sozusagen der nächste Schritt, der im Allgemeinen auch erst von Jugendlichen verlangt wird: Okay, du hast jetzt ein gewisses Know-how erreicht, und jetzt zeigen wir dir mal, warum das How, also das Gewusst-wie, so gut ist und was das Geheimnis dahinter ist.

Forstner: **Ist das der Übergang von der romantischen Phase zur Präzision?**

Whitehead: **Scheint so, ja. Lassen Sie mal weiter hören.**

Lesch: Und da scheint es mir was die »Lernresonanzsituation« betrifft heutzutage eher so zu sein, dass wir die Schüler einfach all das Zeug schlucken lassen. Und das ist keine Feinschmeckermahlzeit mehr, wo man dem Besonderen noch wirklich Zeit zuordnet, sondern sie kriegen halt heute in der Schule Astronautennahrung. Hochnahrhaft, keine Frage. Das ist wahnsinnig verdichtet, und dann merkt man schon, dass ihnen quasi die Informationen aus den Augen rauskommen, weil sie so schnell gar nicht schlucken können, wie man es ihnen ins Hirn hineinzudrücken versucht. Das ist eine Art von Beschleunigung, die kann man natürlich nicht wollen.

Forstner: … **denn »weniger ist mehr«!?**
Whitehead: **Ganz recht.**

Vossenkuhl: Du hast recht!
Lesch: Und trotzdem merken wir, dass es praktisch an allen Ecken und Enden so ist.

Wider den dummen Ernst: Spielerische Korridore

Vossenkuhl: Es ist schade, denn es gab ja eine ganze Menge an ernstzunehmenden Stimmen, angefangen von Schiller bis hin zum Deutschen Bildungsrat in den 1970er-Jahren unter Hermann Krings,[60] die vom spielerischen Lernen gesprochen haben, also dass man den Spieltrieb des Menschen, der natürlich weiterhin als ökonomisch wertvoll gilt …
Lesch: Ja, heute mehr denn je!
Vossenkuhl: … dass man diesen Spieltrieb auch beim Lernen nutzt. Das spielerische Lernen nutzt unsere Sehnsucht nach dem Spiel, was natürlich auch wieder musisch ist. Spiel als Eingang in die Vermittlung von Dingen, die nicht im engeren Sinne Spielinhalt sein können, also Mathematik oder Naturwissenschaft.

Forstner: **Beschreibt das nicht Ihre romantische Phase?**

Whitehead: **Ja, und ich muss sagen, dass mir der Begriff »spielerisches Lernen« sehr gut gefällt.**

Vossenkuhl: Aber das ist wieder abhandengekommen. Stattdessen: Humorlosigkeit!

Lesch: Wem sagst du das!

Vossenkuhl: Ich meine diesen dummen Ernst. Es gibt ja einen klugen und einen dummen Ernst. Und es ist einfach ein dummer Ernst, wenn man meint: »Nein, das hat mit Spiel nichts zu tun!« Und dann müssen die Kinder wieder hintereinander möglichst mit dem Lineal geordnet sitzen und dürfen sich nicht bewegen, und so fort. All das stranguliert natürlich die Offenheit, es erstickt die Bereitschaft, mal spielerisch durchzuatmen und etwas auch mit Lachen aufzunehmen. Schon Platon hat gemeint, dass jede gute Einsicht mit einem Lächeln beginnt – nicht mit lautem Lachen, sondern mit einem Lächeln!

Lesch: Er kannte eben die Ergebnisse der Neurowissenschaften schon längst, dass ein Lächeln genauso wichtig für unser Gehirn sein kann wie ein kleine Prise Kokain oder die Erwartung eines kleineren Geldbetrages.

Vossenkuhl: Ach ja?

Lesch: Ja, da werden tatsächlich jeweils die gleichen Hirnareale angeregt. Platon wusste das, der hat wahrscheinlich mal eine durchgezogen, und dann wusste der Bescheid: »Ah du, das ist aber schön hier in der Höhle, ja!« Das fand ich übrigens auch interessant, dass uns diese virtuelle Realität praktisch wieder in die Höhle hineintreibt.

Vossenkuhl: Stimmt!

Lesch: Bei Platon war es so: Wenn du rauskommst aus der Höhle und ins Licht der Erkenntnis schaust, dann wirst du geblendet, und kommst du zurück, dann sagen alle, du hast sie nicht mehr alle, was hast du denn da gesehen? Aber wir sind ja jetzt so blöd, wir können jetzt so viele Informationen aufnehmen, dass wir die Brille aufsetzen und lieber wieder durch irgendeine Humba-humba-täterä-Welt gehen. Ich warte nur darauf, dass die AfD auch eigene virtuelle Realitäten entwickelt, dann kann man zum Beispiel das Programm kaufen »Deutschland ohne Flüchtlinge« oder so was, je nachdem ... Ist ja wunderbar!

Vossenkuhl: Oje ...

Lesch: Und wenn du dann das Ding absetzt und feststellst, es ist ja in Wirklichkeit gar nicht so, ja dann ... Ich möchte nur darauf hinweisen – das hat jetzt nichts mit dem Thema zu tun –, dass alle Amokläufer in Europa Counterstrike-Spieler sind. Das heißt nicht, dass alle Counterstrike-Spieler Amokläufer sind ... Aber, ist doch interessant! Was kommt denn auf uns zu, wenn demnächst die Leute da sitzen und ...

Vossenkuhl: Aber heißt das jetzt, dass die spielerische Art auch das Unheil befördert?

Lesch: Darauf wollte ich hinaus: Wenn es zu viel wird, dann unterhalten wir uns oder amüsieren wir uns zu Tode. Es muss ein Wechselspiel geben mit der Disziplin, also mit dem, was den Korpus in der Schule darstellt, das, was gelernt werden muss: Freunde, da gibt's kein Drumrum! Aber man könnte ja um diesen Korpus so was legen wie spielerische Korridore ... Man muss ja nicht alles so unglaublich trocken und hart präsentieren.

Freiheit oder Disziplin: Was macht schlau?

Forstner: Disziplin, brauchen wir die wirklich? Kann man denn nicht allein durch spielerisches Lernen schlau werden?

Whitehead: Doch, wir brauchen sie, da muss ich meinem Kollegen Lesch vollkommen recht geben. Und genauso brauchen wir Freiheit.

Forstner: Dazu habe ich ein Zitat von Ihnen, das verkürzt in etwa so geht: »Weisheit erlangen wir nur, wenn wir Freiheit und Wissen haben. Aber Wissen erlangen wir nur durch Disziplin.«[61]

Whitehead: Ja, Weisheit ist letztlich die Art und Weise, wie man mit Wissen umgeht, am besten eben in Freiheit, denn sonst bleibt das Wissen leblos. Man kann sich nur zu leicht Wissen aneignen und dabei ohne jede Weisheit bleiben. Aber ohne irgendeine Grundlage an Wissen kann man auch nicht zu Weisheit oder auch nur zu Bildung kommen. Und das geht nicht ohne Disziplin. Darum braucht eine gute Bildung beides: Freiheit und Disziplin.

Forstner: Für mich klingt das trotzdem nach einem Widerspruch.

Whitehead: Für mich ist es ein erstrebenswertes Bildungsideal, nämlich dass Freiheit und Disziplin keine Gegensätze mehr sind. Vielmehr sollte Disziplin das Ergebnis einer freien Wahl sein, und Freiheit entstünde dort, wo neues Wissen, das mit Disziplin erworben wurde, auch neue Möglichkeiten eröffnen kann. In diesem Ideal gibt es eine natürliche Pendelbewegung zwischen Freiheit und Disziplin, die der Persönlichkeitsentwicklung des Lernenden entspricht.

Forstner: Ein prima Ideal! Aber schon wieder sehr abstrakt, da fliegt das Flugzeug in recht dünner, weil sehr abstrakter Luft, oder? Bekommen wir eine Landung im Konkreten hin?

Whitehead: Ich bin mir nicht ganz sicher, ob wir damit konkreter oder noch abstrakter werden, aber ich würde gern die beiden Prinzipien Freiheit und Disziplin mit meinen Überlegungen zum Rhythmus von Bildung zusammenbringen.

Forstner: Theorie plus Theorie, das wird wohl eher abstrakter …

Whitehead: Es ist im Grunde ganz einfach: Bildung sollte an ihrem Anfang und an ihrem Ende frei sein, dazwischen muss es, leider, eine Phase der Disziplin geben, in der die Freiheit in den Hintergrund rückt. Übertragen auf die drei Phasen in einem Bildungszyklus heißt das …

Forstner: Darf ich?

Whitehead: Sicher!

Forstner: In der Phase der Romantik sollten wir den Schülern viel Freiheit lassen. In der Phase der Präzisierung geht es nicht ohne Disziplin, und in der Phase der Verallgemeinerung steht wieder die Freiheit im Vordergrund.

Whitehead: Ja, das wäre mein Ideal! In keiner Phase der geistigen Entwicklung geht es ohne Freiheit oder ohne Disziplin, aber die Gewichtung ist durchaus unterschiedlich. In der ersten Phase der geistigen Entwicklung geht es darum, Interesse zu wecken, es geht ums Entdecken und Staunen, und das kann nur in Freiheit gelingen. Wir müssen den Kindern erst einmal erlauben, selbst zu sehen und selbst zu handeln.

Forstner: So, und jetzt versuchen wir zu landen! Wie könnte dieses Ideal aus wenig Disziplin und viel Freiheit am Anfang der geistigen Entwicklung im Schulbetrieb konkret umgesetzt werden?

Whitehead: Das ist gar nicht so schwer! Es erfordert zum Beispiel nur wenig Disziplin, einen Schüler ans Teleskop zu schicken, aber es eröffnet ihm den freien Zugang zu den Wundern des Himmels.[62]

Forstner: Ja, ein schönes Beispiel, aber leider doch nicht so einfach umzusetzen: Wie kommen 25 Schüler zum Teleskop und noch dazu bei sternenklarer Nacht? Wer organisiert das? Wer zahlt das? Damit ist eine konventionelle Schule doch völlig überfordert.

Whitehead: Ja, leider, aber Freiheit findet eben nur ausnahmsweise im Klassenzimmer statt.

Forstner: Da haben Sie wohl recht: »Klassenzimmer« passt sicher mehr zum Prinzip Disziplin als zum Prinzip Freiheit.

Whitehead: Ich kann nur immer wieder dafür plädieren, wie wichtig die Phase der Romantik ist. Nur wenn diese erste Phase der geistigen Entwicklung richtig angeleitet wird, kann auch allmählich der Wunsch nach präzisem Wissen keimen, und erst dann kann dieses Wissen, diese Aufklärung, auch verstanden werden.

Forstner: Und spätestens dann heißt es: Klassenzimmer und Disziplin!

Whitehead: Schon, aber je besser die Phase der Romantik gelungen ist, desto weniger offensichtlich wird die notwendige Disziplin in der Phase der Präzision. Die Kinder wissen dann nämlich bereits, wie sie ihre Arbeit angehen müssen. Sie haben Freude daran, gestellte Aufgaben zu bearbeiten. Sie wollen ihre Sache gut machen, und man kann ihnen bedenkenlos die Details anvertrauen.

Forstner: Klingt schön!

Whitehead: Ich möchte sogar noch weiter gehen und behaupten, dass die einzige Disziplin, die jetzt wirklich notwendig ist, Selbstdisziplin ist, und die kann man sich nur aneignen, wenn man von seiner Freiheit umfassenden Gebrauch machen darf.[63]

Forstner: Wir kommen jetzt aber aus dem Idealisieren nicht heraus …

Whitehead: Das ist mir schon klar, und ehrlich gesagt, glaube ich auch nicht, dass es in der Praxis möglich ist, eine ganze Klasse recht lange auf der Straße der Präzision zu halten, ohne dass sich Langeweile einstellt. Vielleicht im seltenen Fall von außergewöhnlicher Genialität bei einem begnadeten Lehrer.[64] Es ist nun mal nicht spannend, Vokabeln und Grammatik zu pauken, aber es führt kein Weg daran vorbei, wenn man irgendwann die Fremdsprache meistern will.

Forstner: Und nun?

Whitehead: Ich sehe da eigentlich nur einen Weg: Erwirb dein Wissen schnell, und dann benutze es! Wenn du es benutzen kannst, dann behältst du es auch![65]

Forstner: Aber der Schulalltag sieht ganz anders aus.

Whitehead: Ja, und das ist meines Erachtens das Hauptproblem: Die Phase der Präzision oder sagen wir einfach des klassischen Lernens …

Forstner: … des Auswendiglernens!

Whitehead: Noch schlimmer! Also diese Zeit ist definitiv zu lang, weil wir – ich meine jetzt sämtliche Lehrplanerfinder, aber auch uns Lehrer und Dozenten – immer versuchen, noch dies und jenes an Information und Theorie dazuzupacken.

Forstner: Also auch hier wieder Ihr Prinzip »Weniger ist mehr«?

Whitehead: Unbedingt! Diese ganze Phase des disziplinierten Wissenserwerbs sollte so kurz gehalten werden wie nur irgend möglich. Und dann heißt es: Anwenden! Das neue Wissen muss so schnell wie möglich in neuer Freiheit angewendet werden, dann kann es auch sinnvoll, nämlich zum Leben des Schülers passend, weiter ausgebaut werden. Wissen darf für die Schüler nur ein Instrument, kein Selbstzweck sein. Wir dürfen einfach nicht vergessen, dass wir es mit lebendigen Individuen zu tun haben, die etwas bewirken können und das auch wollen.[66]

Forstner: Na ja, wenn ich mir manchen Jugendlichen in der Mittelstufe so anschaue, dann wirken die nur außerhalb der Schule lebendig.

Whitehead: Und das darf eben nicht sein! Wenn die Paukerei in der Phase der Präzision für irgendetwas gut sein soll, dann muss der Lernende zügig wieder aus der Passivität des Paukens heraustreten in die aktive Freiheit der Anwendung. Das wäre dann die Phase der Verallgemeinerung mit dem vorherrschenden Prinzip Freiheit. Das präzise Wissen wird auch im Stadium der Verallgemeinerung weiter anwachsen, aber nicht mehr durch passives Büffeln, sondern in der aktiven und freien Anwendung. So gesehen erfolgt der weitere Wissenszuwachs jetzt zugleich aktiver, aber auch unbewusster – und das ist kein Widerspruch!

Forstner: Klingt wieder sehr schön! Ein Beispiel?

Whitehead: Gerne! Bleiben wir bei den Fremdsprachen: Sobald ein Schüler ausreichend Vokabeln und Grammatik gebüffelt hat, um ein einfaches Gespräch in der fremden Sprache zu führen, dann sollte er das auch unbedingt tun, und ich meine jetzt nicht ein gespieltes Gespräch im Klassenzimmer, sondern wirkliche Gespräche in der wirklichen Welt. Die Sprechfertigkeit wird sich im täglichen Gebrauch aktiv und doch frei und unbewusst vervollkommnen.

Forstner: Da beneide ich bis heute meinen Mann. Seine Eltern schickten ihn, als er 14 Jahre alt war, also mitten in der ungeliebten Mittelstufe, für ein ganzes Jahr zum Schüleraustausch nach Australien! Abgesehen davon, dass er heute nahezu perfekt Englisch spricht, kommt noch dazu, dass das wohl sein bestes Jahr überhaupt war – zumindest in der Erinnerung.

Whitehead: Das glaube ich gern!

Und die Universitäten? – Ach du je!

Lesch: Wir sind in der Schule ganz schön lang hängen geblieben, aber jetzt geb ich dir endlich die Gelegenheit: Und die Universitäten?

Vossenkuhl: Ach du je! Für die gilt dummerweise genau das Gleiche, was wir eben schon zur Schule gesagt haben. Die waren aber auch mal anders. Da gab es mal diese große Freiheit …

Lesch: Hört!

Vossenkuhl: Vor allem im 19. Jahrhundert waren die deutschen Universitäten mit ihrer Freiheitsidee – also freie Tätigkeit in allen Bereichen – sehr erfolgreich. Aber nicht im kommerziellen Sinne erfolgreich, sondern im Sinne der Einsichtsvertiefung, des Wissens, das war ganz stark gekoppelt an diese Freiheitsidee. Zum Beispiel der Philosoph, der uns beiden zwar nicht so sehr am Herzen liegt, nämlich Friedrich Willhelm Georg Schelling, der hat noch, bevor im Jahre 1816 die Universität nach München kam, bei der Entwicklung der Kunstakademie mitgewirkt und gesagt: »Das A und O der Ausbildung ist Freiheit.«

Lesch: Wahnsinn!

Vossenkuhl: Und das Interessante ist, dass der ihm sehr zugetane König Ludwig I. diese Idee – so lang sie sich so quasi im Rahmen von Kunst und Wissenschaft hielt – sehr gut fand. Nur politisch …

Lesch: … da war das nix!

Vossenkuhl: Das enttäuschte allerdings den Schelling so sehr, dass er dann nach Berlin ging, wo er allerdings mehr oder weniger wirkungslos blieb. Aber die Idee der Freiheit, das war ein Riesenimpuls für die Entwicklung der Universität in Deutschland. Die Amerikaner haben übrigens versucht, das zu kopieren. Und jetzt muss man genau in die Geschichte gucken, um zu verstehen, was dann schiefgegangen ist: Der Erste und der Zweite Weltkrieg mit vielen Millionen Toten, der Nationalsozialismus … das alles waren auch Demütigungen für die deutsche Universitätsidee. Zwar erinnerte man sich im neuen friedlichen Deutschland am Anfang noch an die alten Ideale, aber die wurden recht schnell überholt von einer sehr stark ökonomisch-technologisch orientierten Universitätsauffassung. Da waren die Erfolge von Bildungsstätten wie MIT oder CALTECH[67] und natürlich auch von deutschen technischen Hochschulen, die inzwischen Universitäten genannt werden[68], und das hat ausgestrahlt. Dieses Modell hatte nun mit Freiheit überhaupt gar nichts mehr zu tun. Die Ausbildung wurde schulisch in ein Modell gepresst, das auf Erfolg getrimmt war und nicht mehr die freie Entwicklung zum Ziel hatte. Dieses Korsett wurde und wird inzwischen flächendeckend über alles gestülpt, was dazu führt, dass die herkömmlichen Bildungsfächer, nämlich die klassischen Sprachen, aber auch die modernen Sprachen sowie Literatur und Geschichte, immer weiter in den Hintergrund treten und ausgedünnt werden, und dass sogar ganze Fächer abgeschafft und ersetzt werden. Man hat zum Beispiel die historisch vergleichende Linguistik abgeschafft zugunsten der computergestützten formalen Linguistik, und das Wissen, das damit quasi von einem Jahr zum anderen oder von einer Generation zur anderen verschwindet, das kann man nie mehr so wiederherstellen. Gut, man kann natürlich wieder irgendwie solche Fragen aufstellen, aber die Entwicklung ist unterbrochen.

Whitehead: Tja, da wurde offenbar genau jenes Universitätsmodell zunichtegemacht, das ich immer bewundert habe, nämlich das deutsche mit seinem Freiheitsideal. Ich selbst habe sehr gelitten unter den strengen Regeln, den festgezurrten Lehrplänen und den standardisierten Prüfungen, die ich in Cambridge über mich ergehen lassen musste.

Forstner: Während Ihres Studiums der Mathematik?

Whitehead: Ja, und vielleicht mehr noch später als Dozent für Mathematik. Ich habe fast bis zur Pensionierung gebraucht, um endlich den Mut zu finden, das hinter mir zu lassen.

Forstner: Sie sind dann mit 49 Jahren nach London gegangen und haben noch mit 63 Jahren einen Ruf nach Harvard angenommen.

Whitehead: Und dort fand ich eine Universität vor, die meinem Ideal recht nah kam. Vorbild von Harvard waren tatsächlich die deutschen Universitäten.

Forstner: Wirklich? Was war in Harvard so anders als in England?

Whitehead: Ich war vollkommen frei! Ich konnte endlich lehren, was ich wollte. Und die Studierenden waren ebenso frei in der Wahl ihrer Veranstaltungen.

Forstner: Manchmal kamen ja nicht viele …

Whitehead: Aber die waren hochmotiviert! Masse darf kein Kriterium sein![69]

Forstner: Also kein Fach abschaffen, nur weil es nur wenige gibt, die sich dafür interessieren?

Whitehead: Auf keinen Fall! Wie wollen Sie denn sonst den vielfältigen Interessen und Fähigkeiten der Studentenschaft gerecht werden, wenn Sie nur die Massenfächer anbieten? An der Spezialisierung führt kein Weg vorbei, wenn Sie nicht das Individuelle, das Besondere und das Lebendige vernichten wollen.

Forstner: Nicht zu vergessen »das Innovative«, um einen allmählich schon überstrapazierten Begriff aus meiner Zeit anzubringen. Also, an Unis sollte das Prinzip »Freiheit« klar vor dem Prinzip »Disziplin« stehen, richtig?

Whitehead: Richtig! Und wenn wir noch mal zurück zu den Phasen der geistigen Entwicklung blicken, dann zeigt sich, dass die große Phase der Verallgemeinerung sicher erst nach der Schule einsetzt. In der Schule sollte es viele kleinere Zyklen geben, an deren Ende auch immer wieder Freiheit und Verallgemeinerung aufblitzen, um das Ganze auch nur halbwegs erträglich zu machen. Aber insgesamt verbringt der Intellekt die Schulzeit doch eher über den Schreibtisch gebeugt. An der Universität aber sollte er endlich aufstehen und sich umschauen.[70]

Forstner: Aber wie passt da jetzt »Spezialisierung« dazu? Das klingt mir nach weit mehr, eher nach einer Art »Studium generale«.

Whitehead: Studium generale? Also von allem ein bisschen? Nein, das ist eher nicht der Weg, der einem Individuum ermöglicht, seine vollen geistigen Fähigkeiten zu entfalten. Ich bleibe lieber bei »Weniger ist mehr«! Vergessen Sie nicht, dass jedermanns Zeit und meist auch seine Mittel begrenzt sind, und auch nicht, dass jeder bestimmte individuelle Interessen hat. Ich glaube, da ist Spezialisierung mehr als geboten.

Forstner: Und am Schluss haben wir lauter Fachidioten?

Whitehead: Dann ist etwas schief gelaufen, denn beim Fachwissen darf man natürlich nicht stehen bleiben. Also, Ausgangspunkt sind allgemeine Ideen, auf die in der Schule bereits ein flüchtiger Blick geworfen wurde. Studiert wird zwar ein konkretes Fach mit speziellen Tatsachen, aber so, dass sie die Reichweite allgemeiner Ideen und Prinzipien veranschaulichen.

Forstner: Also mal wirklich ganz konkret: Ich habe Ende der 1980er-Jahre die konkreten Fächer Geographie, Soziologie und Statistik studiert. Da gab es viele konkrete Tatsachen, von denen ich die meisten längst wieder vergessen habe. Aber was ist mit den allgemeinen Ideen und Prinzipien?

Whitehead: Sie sind selbst schon ganz nah an der Antwort. Natürlich hat man die besonderen Details seiner Studienfächer irgendwann wieder vergessen – und das ist auch gut so!

Forstner: Gut? Ich finde es schade und manchmal sogar blamabel.

Whitehead: Nein, gar nicht, ganz im Gegenteil! Die ganze Studiererei nützt Ihnen erst etwas, wenn Sie Ihre Studienbücher verschenkt und Ihre Aufzeichnungen weggeworfen haben und wenn Sie das, was Sie für Prüfungen auswendig gelernt haben, wieder vergessen haben.

Forstner: Hab ich längst!

Whitehead: Dann haben Sie alles richtig gemacht! Denn die Funktion der Universität ist es, jemanden dazu zu befähigen, Details zugunsten von Prinzipien loszuwerden. Selbst wenn Sie alle Details vergessen haben – und das haben Sie bestimmt nicht –, werden Sie sich doch immer wieder darauf besinnen, wie man Prinzipien auf unmittelbare Sachverhalte anwendet.

Forstner: Vorausgesetzt, ich habe die Prinzipien nicht gleich mitvergessen. Wenn ich mich arg anstrenge, dann fällt mir vielleicht noch die eine oder andere Formel aus der Statistik ein: Mittelwerte, Verteilungen und so etwas.

Whitehead: Das meine ich noch nicht einmal. Wenn ich von allgemeinen Ideen oder Prinzipien spreche, dann haben die eigentlich nicht viel mit verbalen Formulierungen oder gar mathematischen Formeln zu tun. Was ich meine, sind Prinzipien, die einen vollständig durchdrungen haben. Das sind eher geistige Gewohnheiten als formale Aussagen. Hier ist vielleicht sogar der Begriff angebracht, den Kollege Lesch vorhin ins Niemandsland verbannen wollte, nämlich »Kompetenz«.[71] Er hat völlig recht, wenn er sagt, dass das Erlernen von Schreiben, Lesen und Rechnen nichts mit Kompetenz zu tun hat. Kompetenz steht nicht schon am Anfang des Bildungsweges, sondern erst ziemlich weit hinten. Kurz, es geht mir um geistige Fähigkeiten, um intellektuelle Reaktionen auf bestimmte Sachverhalte, die einem zur Gewohnheit geworden sind.

Forstner: Also in etwa das, was ich gewöhnlich mache, wenn jemand versucht, seine Aussagen mit Zahlen zu belegen, egal ob privat oder in den Medien.

Whitehead: Kommt darauf an, was Ihre Gewohnheit dabei ist.

Forstner: Nun, ich kann da gar nicht anders, als zu fragen, woher die Zahlen sind und wie sie erhoben wurden und ob sie überhaupt zur getroffenen Aussage passen oder vielleicht auch ganz anders interpretierbar sind.

Whitehead: Und wie kommen Sie zu dieser Gewohnheit?

Forstner: Muss ich mal nachdenken ... So gesehen hab ich das tatsächlich im Studium gelernt: In der Geographie, in der Soziologie und in der Statistik erst recht ging es immer wieder um die Interpretation von empirischen Daten, also von Zahlen, beispielsweise aus Volkszählungen oder aus eigenen Erhebungen. Und da merkt man dann ziemlich bald, dass Berechnung nicht gleich Berechnung und Interpretation nicht gleich Interpretation ist. Mit ein und derselben Datenbasis kann man immer – wirklich immer! – zu ganz unterschiedlichen Aussagen kommen[72] und findet das geflügelte Wort immer wieder bestätigt: Trau keiner Statistik, die du nicht selbst gefälscht hast!

Whitehead: Mit »Immer-Aussagen« wäre ich zwar etwas vorsichtiger, aber Sie beschreiben da im Grunde genau das, was ich meine: Sie wissen vermutlich nicht mehr, welche Zahlen Sie im Laufe Ihres Studiums statistisch ausgewertet haben und sicher auch nicht mehr, zu welchen Ergebnissen Sie dabei gekommen sind, aber Sie haben es sich zur Gewohnheit gemacht, Statistiken zu hinterfragen, wohl wissend, welche Fehlerquellen und Interpretationsspielräume es geben kann. Das ist eine generelle Idee, ein Prinzip, das Sie dank Ihres Studiums verinnerlicht haben. Da haben Sie eine wichtige geistige Fähigkeit erworben, denn genau das ist nun mal die Aufgabe jeder Universität – oder sollte es zumindest sein. Ihr Geschäft ist es, das Wissen eines jungen Menschen in die Fähigkeit, nennen wir es ruhig »Kompetenz«, eines Erwachsenen zu verwandeln.

Romantiker oder Techniker?

Lesch: Ich würde dir mal gern ein kleines metaphysisches Szenario anbieten zu dem, was du gerade gesagt hast. Die Freiheit Schellings, von der wir vorhin sprachen, ist ja auch ein Resultat der Romantik.

Whitehead: Sehen Sie, Romantik und Freiheit gehören zusammen.

Lesch: Ich war gerade im Haus der Romantik in Jena und bin da zwischen Fichte, Schelling, Novalis und all den anderen Kameraden rumspaziert: Freiheit! Der Romantiker ist ja jemand, der glaubt, dass noch etwas kommt und dass nicht schon alles gewesen ist.

Vossenkuhl: Sehr gut!

Lesch: Und das heißt, da gibt's ein Vertrauen in die Zukunft.

Vossenkuhl: Ja, durchaus.

Lesch: Ich weiß nicht, was kommt, aber es wird schon irgendwie werden, ja!? Der Techniker hingegen, der ist ja auf Kontrolle aus, der will Vorgänge nicht mal rhythmisch, sondern am besten taktvoll haben, sodass sie sich präzise wiederholen, in der Minute 3000-mal. Wenn du auf dein Gaspedal beim Auto drückst, dann muss sich da etwas jede Minute 3000-mal wiederholen, unabhängig davon, ob es draußen regnet oder schneit, ob die Sonne scheint oder nicht, ob der Motor warm ist oder kalt; spielt alles keine Rolle. Der Techniker möchte, dass etwas sich präzise wiederholt und nicht irgendwie so »busy«. Wenn sich zum Beispiel der Motor seltsam anhört. Sobald der rappelt, kriegt der Techniker Schweißausbrüche. Das wäre für einen Freiheitsphilosophen kein Problem. Er würde nur sagen: »Ach, passt, wackelt und hat Luft!«

Vossenkuhl: Ja, genau!

Lesch: Metaphysisch steht beim Techniker dann doch schon die Annahme dahinter, dass in der Welt Seinsprinzipien herrschen, die exakt diese Wiederholung eines Prozesses garantieren. Während der Romantiker eher davon ausgeht, das kann auch mal kippen, das kann auch mal in eine ganz andere Richtung gehen. Das hat natürlich viel damit zu tun, dass wir bei den wissenschaftlichen Entwicklungen mit der Himmelsmechanik angefangen haben. Und da oben am Himmel, da ist nichts, was reibt, das heißt, wir konnten uns mit idealen Systemen auseinandersetzen. Dann nehmen wir diese ideale Physik, stecken sie

hier unten rein und wundern uns selbst natürlich umso mehr, dass viele der Maschinen langfristig doch nicht so perfekt funktionieren. Und auch unsere Eingriffe in die Natur sind natürlich eher einem Schelling verständlich, weil für ihn die Natur ohnehin ein Organismus war.

Vossenkuhl: Ja, ein Gesamtorganismus.

Forstner: **Natur als Organismus, das ist doch auch Ihr Programm!?**

Whitehead: **Ja schon, aber als »Romantiker« mag ich trotzdem nicht gehandelt werden. Mir wäre es lieber, wenn ich in keine dieser Schubladen passen würde.**

Forstner: **Tun Sie auch nicht.**

Lesch: Ein Techniker dagegen hat große Probleme mit dem, was da in der Natur passiert. Der versucht an einem Rädchen zu drehen, und dann tut sich aber an einer anderen Stelle was. Das wäre für Schelling überhaupt kein Problem: Ist doch klar, die Dinge hängen miteinander zusammen! Der hätte vielleicht nicht die Begrifflichkeiten, um das zu klären, aber das wäre für den keine Sache für die Krise gewesen. Der Techniker, der kriegt die Krise, und der Schelling sagt: Ist ja super, da kann ja was Neues passieren! Hey, warten wir mal ab, was da genau passiert! Diese metaphysische Grundentscheidung – was für eine Art von Natur nehme ich denn jetzt eigentlich wahr –, die entscheidet dann letztlich auch darüber, wie unsere Bildungseinrichtungen aussehen: Also, wenn ich Vertrauen in die Zukunft habe, dann versuche ich in Universitäten und Schulen frei zu unterrichten und gebe dadurch all den Lernenden die Möglichkeit, ja schaut doch einfach mal, was aus euch wird.

Vossenkuhl: Du sagst etwas sehr Interessantes: Du siehst quasi die Metaphysik als ein Modell dieses Präzisionswunsches in der Technik realisiert.

Lesch: Du siehst es nicht so?

Vossenkuhl: Na ja, wenn man es historisch betrachtet, sah das bei denen, die Metaphysik betrieben haben, zum Beispiel bei Aristoteles, eher nicht so aus. Das lag daran, dass die eine bestimmte Seelenauffassung hatten, vor allem Aristoteles. Und das hat sich tief in die Neuzeit hinein erhalten. Die Seele ist etwas, was nicht rein individuell ist, sondern wir nehmen alle an ihr teil: Das ist Lebenskraft. Alles, was Natur heißt, enthält das. Da gibt's zuerst die unterste Schicht: das Vegetative. Das haben wir alle mit den Pflanzen gemein. Dann gibt's in der Mitte eine beeinflussbare Schicht, da, wo wir den Körper trimmen können, wo diese ganze Perfektionierbarkeit angesiedelt ist. Und dann gibt's noch die Spitze, da, wo die Weisheit ist: Das ist das Wissen, das eigentliche Wissen! Aber das Interessante ist, dass Aristoteles zwar Prinzipien des Wissens kennt, zum Beispiel das Widerspruchsprinzip, oder Kategorien, die wir brauchen, die eine Art idealer Begrifflichkeit bilden, mit der wir die Welt verstehen. Aber da gibt es einen Punkt, der unklar ist, nämlich ob wir die Prinzipien des Wissens, die wir kennen, auch tatsächlich bei unserer Wahrnehmung der Welt richtig anwenden.

Lesch: Das heißt?

Vossenkuhl: Das heißt, es gibt eine Art von, heute würde man sagen, »eingebautem Fallibilismus«, eine Art von Unschärfe. Und in diesem Modell gibt es natürlich dann keine Idealität, keine garantierte Beschaffenheit der Welt. Diese Metaphysik ist eher tentativ, also versuchsweise, und hat kein Erfolgsrezept.

Und das hat natürlich theologisch eine schöne Seite, weil wir nicht Götter sind. Wenn wir Götter wären, dann wäre auch die Metaphysik das Modell ...

Lesch: Moment mal: Sind wir nicht!

Vossenkuhl: Genau! Nun sind wir aber in der Moderne Götter geworden, und dadurch wurde dieses metaphysische Ideal zum technischen Ideal. Und jetzt ist es so, dass man sich nicht verzeiht, wenn man nicht Gott in der Technik ist, wenn irgendwas schief geht. Außer man will, dass es schief geht, weil man wieder Neues verkaufen will.

Lesch: Klar, das ist was anderes. Aber für den Ansatz der Technik in der modernen Form ist Voraussetzung, dass mindestens ein Teil der Natur einen Status, einen ontologischen Status besitzt, den man mit dem Wort Stabilität umschreiben würde.

Vossenkuhl: Ja, gut.

Lesch: Man könnte jetzt, man muss nicht, aber man könnte schon bei den Naturphilosophen sagen: Na ja, wonach haben die denn am Anfang gesucht? Nach den stabilen letzten Prinzipien, den Elementen. Und die waren gar nicht so sehr an der Veränderung interessiert, auch wenn Heraklit sich als jemand herausstellt, der sagt: Moment mal, aber das wirkliche Prinzip, was in der Welt vorherrscht, ist doch eigentlich das der Veränderung.[73] Und man stelle sich mal vor, wir hätten uns am Beginn der Neuzeit viel mehr der Biologie zugewandt als der Himmelsmechanik. Unsere Wissenschaften würden völlig anders aussehen! Weil in der Biologie ist die Erscheinung von neuen Eigenschaften das zentrale Augenmerk von dem, was Lebewesen neben der Vermehrung tun. Da kommt immer wieder etwas Neues dabei heraus. In der Physik ist das geradezu verrufen! Man möchte überall reproduzierbare, geschichtslose Ergebnisse haben, die möglichst überall völlig identisch sind. Dann entwickelt man Fehlerrechnungen, um genau diesen Abweichungen von der Norm auf die Spur zu kommen, und macht das so genau, dass man Nobelpreise vergibt an denjenigen, der am genauesten messen kann.

106

Genauigkeit und Seele

Whitehead: Ja, die Sache mit Messen und Exaktheit … Dazu habe ich auch einiges geschrieben, aber das würde jetzt zu weit führen, oder?[74]

Forstner: Ja, leider, aber das Thema ist es wert, irgendwann mal nachgeholt zu werden.

Whitehead: Sie meinen, Sie könnten noch mal wiederkommen?

Forstner: Ja, vielleicht … Jedenfalls wünsche ich mir, dass Sie noch bei vielen Themen mitreden können.

Whitehead: Nur zu gerne, aber – auch mit viel Optimismus und Phantasie – das Mitreden aus dem Jenseits gehört nicht gerade zu jenen Möglichkeiten, die eine große Chance auf Realisierung haben in dieser unserer Welt.

Forstner: Aber ja, denn Ihre Ideen sind doch weiter in der Welt!

Whitehead: Ja, die Abenteuer der Ideen[75] … Sie können unsere Gespräche, gerne verwenden, wann und wo immer Sie es für angebracht halten.

Forstner: Ich spiele tatsächlich mit dem Gedanken, ein Buch zu schreiben, aber da frage ich Sie vorher selbstverständlich noch mal.

Whitehead: Brauchen Sie aber nicht … Bekomme ich ein Exemplar?

Forstner: Klar doch! Aber dann brauche ich noch etwas mehr Material.

Whitehead: Also zurück zu meinen Kollegen und zum Mess-Wahnsinn.

Lesch: Und hinter aller Physik und allem Messen steckt die angeblich bestätigte Annahme, die Welt bleibt immer so, wie sie ist – und Feierabend! Diese Art des Denkens schlägt sich natürlich auf alles nieder, auch da, wo es überhaupt nichts zu suchen hat: auf die Medizin, auf alle unsere menschlichen Eigenschaften. Überall wird man gefragt, ob man gewisse Indizes erfüllt, und wenn man die nicht erfüllt, dann ist man schon mal draußen. Man wird also praktisch ständig gezwungen, sich in irgendeiner kleineren oder größeren Klasse aufzuhalten, in irgendeine Schublade zu passen. Und das ist schon ein heftiger Erstickungsprozess.

Vossenkuhl: Ein Erstickungsprozess der Freiheit im Geistigen! Es gibt eine schöne Stelle im »Mann ohne Eigenschaften« von Robert Musil, wo er sagt, man müsste ein Ministerium für Genauigkeit und Seele einrichten.

Lesch: Ach!?

Vossenkuhl: Genauigkeit ist ja eigentliche etwas Tolles, wenn man sie hat und wenn man sie technisch auf brillante Weise machen kann, aber man darf dabei die Seele nicht vergessen: Genauigkeit und Seele.

Lesch: Das ist schön! Das hat was! Ich habe heute Morgen einen wunderschönen Satz gelesen: Ich lese gerade ein Buch, in dem wird George Steiner interviewt.[76] Und er sagt unter anderem, dass ihn ein Satz von Heidegger unglaublich beeindruckt hat: »Wir sind Gast des Lebens. Wir sollten uns auch so aufführen wie ein Gast.« Ja, wir sind hier zu Gast, und jeder ordentliche Gast guckt doch, dass er das Zimmer, das er bewohnt hat, so sauber zurücklässt, wie er es vorgefunden hat.

Vossenkuhl: Gilt das denn noch?

Lesch: Ja, klar, vielleicht sollten wir uns auch mal daran halten! Wir sind eben nur ein Teil des Teils, wir geben unseren Stab weiter. Aber gerade diese Kontrollsituation, ausgelöst durch Technik und so weiter, die macht ja eher den Eindruck, vor uns war nix und nach uns wird nix mehr kommen. Trotzdem zieht sich immer wieder diese Strömung durch, die da sagt: Der Mensch ist verbesserbar.

Vossenkuhl: Dazu noch etwas von Heidegger: Er war ja ein Technik- und Wissenschaftskritiker, und er sprach von »Gestell«. Ein schreckliches Wort! Das Gestell steht symbolisch für die Wissenschaftsentwicklung und für die Verobjektivierung der Natur, der Wirklichkeit. Dummerweise hat er das ab und zu auch mal mit so einer gewissen braunen Soße versehen, sodass er mit seinem Hang zum Nationalen seine Ideen verunstaltet hat. Aber seine Technikkritik ist schon vehement. Ja, da hat der Steiner völlig recht.

Forstner: Sie und Heidegger waren Zeitgenossen …
Whitehead: Ja, das stimmt, aber wir sind uns nie begegnet.
Forstner: Ich kann mir auch nicht wirklich vorstellen, dass Sie einander viel zu sagen gehabt hätten. Sie haben Ihre Philosophie nie mit einer Ideologie verknüpft. Ihnen fehlt zudem gänzlich diese negative Sicht der Dinge. Sie sind immer optimistisch geblieben – auch durch zwei Weltkriege hindurch.
Whitehead: Man bemüht sich – und ich danke heute noch meinem Schöpfer, dass ich nicht in Deutschland geboren wurde. Wer weiß, zu welchen verqueren Gedanken mich solch ein ideologischer Hintergrund gebracht hätte.
Forstner: Sie als Nazi-Sympathisant? Das glaube ich nie und nimmer!
Whitehead: Vielen Dank! Aber meine politische Neutralität hat mir auch Kritik eingebracht.
Forstner: Sie denken jetzt an Ihren Freund Russell?
Whitehead: Ja, er war eine schillernde Person des Pazifismus und auch in manch anderer Hinsicht …[77] Er hat es mir vermutlich nie verziehen, dass ich bei meinen Studenten und Büchern blieb und mich nicht auf die politische Bühne wagte.
Forstner: Die Bühne ist nicht jedermanns Welt.
Whitehead: Nein, meine Welt war die Universität, und zu ihr würde ich auch gern noch etwas ergänzen. Aber das passt jetzt womöglich nicht mehr?
Forstner: Dann machen wir es passend!

Lebenshunger plus Wissen gleich Universität

Whitehead: Die eigentliche Funktion einer Universität besteht meiner Ansicht nach darin, Wissen und Lebenshunger zu vereinen.

Forstner: Wir reden aber schon noch von der Universität als der großen freien Phase der Verallgemeinerung, wie wir es vorhin betrachtet haben?

Whitehead: Das ist ein Kerngedanke, aber das ist, wie so oft, noch längst nicht alles. Universität ist nicht nur eine Phase der intellektuellen Entwicklung, sondern auch ein realer Ort, an dem Jung und Alt zusammenkommen, an dem Lebenshunger und Ideenreichtum auf Wissen und Erfahrung treffen.

Forstner: Vorausgesetzt Sie haben den realen Ort noch und studieren nicht an einer Fernuniversität oder gar via Internet und E-Learning.

Whitehead: Ich weiß zwar nicht genau, wie so etwas funktioniert, und es mag im Einzelfall vielleicht auch seine Berechtigung haben, aber wenn es bedeutet, dass jeder auf seiner Seite bleibt, dann geht etwas Wichtiges verloren. Eine der Tragödien dieser Welt ist doch, dass jene, die reich an Ideen und Fantasie sind, oft noch kaum Erfahrung haben, und jene, die Wissen und Erfahrung haben, eine nur noch recht verkümmerte Fantasie besitzen.

Forstner: Also auf der einen Seite die fantasievollen und ideenreichen jungen Leute und auf der anderen die erfahrenen, mit Wissen bepackten Gelehrten? Dazu fällt mir dieses schöne Zitat von Ihnen ein: »Narren handeln aufgrund von Fantasie ohne Wissen; Pedanten handeln aufgrund von Wissen ohne Fantasie.«[78]

Whitehead: Ja, das habe ich wohl mal so gesagt. Und ich bin fest davon überzeugt, dass diese unsere hochkomplexe Welt Menschen braucht, die über beides verfügen: Fantasie und Wissen. Sie braucht zu jeder Zeit intellektuelle Pioniere, Abenteurer, die mit Ideenreichtum und Wissen den jeweiligen Wirren ihrer Zeit begegnen.[79]

Forstner: Das klingt in meinen Ohren hochaktuell!

Whitehead: Das gilt vermutlich seit Anbeginn der Menschheit. Aber während Sokrates noch auf den Marktplatz gehen konnte, um sich an der Jugend abzuarbeiten, braucht es mittlerweile etwas mehr Struktur, um Alt und Jung in ideenreichem Betrach-

ten und Lernen zusammenzubringen. Ich kenne da nur Institutionen wie die Universität, natürlich auch fachgebundene Hochschulen und vergleichbare Lerninstitute, die das leisten können. Sollte Ihre Zeit etwas Besseres entdeckt haben, um Ideenreichtum und Wissen zusammenzuschweißen, dann bin ich gespannt, davon zu hören …

Forstner: Nein, nicht dass ich wüsste.

Whitehead: Eigentlich schade …

Forstner: Was meinen Sie, woran liegt es, dass im Lauf des Lebens bei so vielen – und da schließe ich mich durchaus ein – die Fantasie untergeht und sich eine gewisse Pedanterie breit macht, um bei Ihren Worten zu bleiben.

Whitehead: Gefahr droht der Fantasie durch Routine und Disziplin, die irgendwann in jedem Leben Einzug halten. Anders lassen sich Alltag und äußere Zwänge, die zum Leben nun mal dazugehören, wohl kaum meistern. Aber man muss dabei aufpassen, es mit der Disziplin nicht zu übertreiben, so, wie das in meiner Zeit häufig vorgekommen ist. Denn richtig verstandene wohldosierte Disziplin kann Ideenreichtum auch stärken, sodass er über die Jugendzeit hinaus bewahrt werden kann. Ich hoffe, Ihre Zeit ist darin besser.

Forstner: Möglich, obwohl … Es geht heute vielleicht nicht mehr so streng und diszipliniert zu wie bei Ihnen, aber ob unsere Zeit mehr Fantasie und Ideenreichtum hervorbringt, wage ich zu bezweifeln. Ich glaube, wir ersticken unsere Fantasie inzwischen im Konsum.

Whitehead: Konsum, aha, auch eine Form von Routine und damit sicherlich nicht förderlich für Ideen und Fantasie. Dann muss auch Ihre Zeit darauf achten, dass der Ideenreichtum junger Menschen gedeihen kann!

Forstner: Auf jeden Fall!

Whitehead: Ideenreichtum kann aber nur gedeihen, wenn der junge Mensch zunächst keine Verantwortung für seine Ideen übernehmen muss. Und damit sind wir wieder bei der Freiheit, die Vorrang in Universitäten haben sollte. Der junge Mensch muss frei sein beim Denken, sei es nun richtig oder falsch. Er muss frei sein, um die Vielfalt des Universums wertzuschätzen. Frei sein heißt hier, frei von Risiko, frei von Konsequenzen, frei von all den Gefahren, die in der Welt so lauern.[80]

Forstner: Also Universität als ein Ort, sich und die Welt auszuprobieren? Das passt so ganz und gar nicht in unser heutiges Optimierungsdenken, das durch und durch von der Ökonomie geprägt ist. Universitäten und übrigens auch alle anderen Bildungseinrichtungen sollen heute auf die Arbeitswelt vorbereiten. Sie sollen genau die Akademiker und Facharbeiter produzieren, die der Arbeitsmarkt braucht. Inzwischen geht das so weit, dass abgezählt wird, ob wir vielleicht zu viele falsch ausgebildete Akademiker haben, anstatt richtig ausgebildete Facharbeiter.

Whitehead: Das ist meines Erachtens zu kurz gedacht. Aber diese Überlegungen gab es auch zu meiner Zeit schon. Ich kann nichts Falsches daran erkennen, wenn jemand die Mühe aufbringt, seine geistigen Fähigkeiten weiter zu entwickeln, als er es für seinen unmittelbaren Broterwerb braucht. Das kann doch kein Argument gegen weiterführende Schulen und Studium sein.[81]

Forstner: Ist es aber in vielen heutigen Diskussionen.

Whitehead: Schade, da kann die Fantasie nur auf der Strecke bleiben. Wenn Sie den jungen Leuten nur das beibringen, was sie zur Sicherung ihres Lebensunterhalts brauchen, dann erhalten Sie genau das, wovor ich vorhin gewarnt habe, nämlich routinierte Pedanten, die vielleicht der Arbeitsmarkt braucht; aber sicher keine ideenreichen Pioniere, die die Welt braucht. Nein, ich bleibe dabei: Ohne Freiheit und Fantasie ist eine Universität nichts wert!

Forstner: Aber auch Sie geben zu, dass es nicht ganz ohne Disziplin geht.

Whitehead: Aber die Disziplinierung der Fantasie erfolgt erst in einem zweiten Schritt, und zwar durch Wissen in Form von detaillierten Fakten und notwendigen Denkregeln. Auch dieser Schritt muss unbedingt ideenreich bleiben! Denn, um es auf den Punkt zu bringen, die eigentliche Funktion einer Universität ist die ideenreiche Aneignung von Wissen. Eine Universität ist ideenreich oder sie ist nichts – zumindest nichts Nützliches![82]

Wir brauchen ideenreiche Lehrer

Forstner: Fantasie meets Wissen, Jung meets Alt: Das macht für Sie das Wesen einer Universität aus. Könnte man das auch über die Universität hinaus auf andere Bildungseinrichtungen, vielleicht sogar auf Ausbildungsbetriebe ausweiten?

Whitehead: Versuchen Sie es! Vielleicht sind meine Ideen ja schon wieder viel zu abgehoben und zu abstrakt, wenn sich zeigen sollte, dass sie nur in meiner Universitätswelt anwendbar sind.

Forstner: Also, dann versuche ich mal wieder eine »Landung«: Ich könnte mir vorstellen, dass man nicht nur an Universitäten Lebenshunger und Wissen zusammenbringen kann, sondern auch an Fachhochschulen und in Ausbildungsbetrieben, denn auch dort trifft Jung auf Alt.

Whitehead: Nur hier stelle ich es mir ungleich schwerer vor, den geschützten Raum zum Ausprobieren der Fantasie zu schaffen.

Forstner: Da haben Sie vermutlich recht. Aber mal angenommen, es gelingt, dann ist es doch eigentlich einerlei, ob die Fantasie eines jungen Menschen auf das Wissen eines Physikers, eines Philosophen, eines Kaufmanns oder eines Handwerkers trifft.

Whitehead: Ja, durchaus, wesentlich ist nur, dass die »Alten« den Freiraum für das Gedeihen der Fantasie schützen und diese Fantasie dann behutsam durch Wissen diszipliniert wird. Das kann sicher auch ein erfahrener Handwerker leisten, vorausgesetzt er hat sich seinen eigenen Ideenreichtum bewahrt. Aber genau das erscheint mir in einem Handwerksbetrieb oder einem anderen ökonomischen Unternehmen ungleich schwieriger zu sein als an einer Universität. Denn in dem Moment, wo Sie dem Markt unterworfen sind, haben Sie eigentlich keinen geschützten Raum mehr zum Ausprobieren der Fantasie, sondern sie müssen sich den ökonomischen Zwängen fügen, das heißt Routine und Disziplin.

Forstner: Also haben wir diesmal keine Landung hinbekommen?

Whitehead: Ich würde auch die Klärung und Präzisierung einer Idee als erfolgreiche Zwischenlandung in der konkreten Welt gelten lassen. Von dieser Basis aus können wir erneut starten in die Welt der Ideen.

Forstner: Also zurück mit der Fantasie in die Universität.

Whitehead: Fantasie ist eine ansteckende Krankheit.[83] Aber nur derjenige kann sie weitergeben, dessen Wissen und Gelehrsamkeit selbst mit Fantasie und Ideenreichtum erleuchtet ist. Wir brauchen also ideenreiche Lehrer.

Forstner: Und auch die gibt es eher an Universitäten als im Handwerksbetrieb?

Whitehead: Ja, leider, weil es wohl nur dort dieses besondere Zusammenspiel aus Forschung und Lehre gibt. Wollt ihr, dass eure Lehrer ideenreich sind? Dann ermutigt sie zu forschen!

Wollt ihr, dass eure Forscher ideenreich sind? Dann ermutigt sie zu intellektueller Sympathie für den Eifer und die Fantasie von jungen Leuten!

Forstner: Ach, so schön könnte es sein …

Whitehead: Ja, ein wunderbares Abenteuer, und zwar in zweierlei Hinsicht: Die Lehre gibt Disziplin für das Abenteuer des Lebens; die Forschung ist intellektuelles Abenteuer. Und die Universitäten sollten die Heimat für das Gesamt-Abenteuer sein, an dem Junge und Alte gleichermaßen beteiligt sind.

Forstner: Heute geht die Tendenz eher dahin, Forschung und Lehre zu trennen, mit dem Argument, dass man sich dann besser auf die jeweilige Aufgabe konzentrieren kann und bessere Ergebnisse liefert.

Whitehead: Das halte ich für ausgemachten Quatsch! Forschung ist unerlässlich, um dem Wissen eine gewisse Frische zu verleihen, ohne die erfolgreiche Lehre nicht möglich ist. Wissen hält sich kein bisschen besser als Fisch![84] Also muss das Wissen, das in die Lehre einfließt, entweder wirklich neu sein, oder es muss mit einer neuen Fragestellung, einer neuen Interpretation für eine neue Zeit anwendbar gemacht werden.

Forstner: Das wäre doch auch ein Argument dafür, Studienfächer nicht voreilig abzuschaffen. Ich denke jetzt an die vergleichende Linguistik, die Professor Vossenkuhl vorhin nannte. Müsste man nicht erst die Frage klären, ob das vermeintlich überflüssige Fach für das »Jetzt-und-hier-und-heute« wirklich keine Interpretation mehr hergibt?

Whitehead: Das würde ich so sehen, ja. Und die Forschung ist exakt der Ort, um solchen Fragen auf den Grund zu gehen. Das kann eine Universität aber nur leisten, wenn sie frei ist. Frei in ihren Aktivitäten, das heißt, Autoritäten müssen sich zurückhalten und dürfen nie vergessen, dass eine Universitätsfakultät keinerlei Analogie mit einem Wirtschaftsbetrieb hat. Hier gibt es keine Leistungen, keinen Ertrag, der sich beziffern lässt.

Forstner: Wird aber genau so gemacht! Da werden beispielsweise die veröffentlichten Artikel gezählt, um den Output in der Forschung zu messen.

Whitehead: Ja, das fing schon zu meiner Zeit an. Doch man wird in jeder Fakultät feststellen, dass einige der brillantesten Lehrer nicht zu denen gehören, die publizieren. Ich sehe die Gefahr darin, dass es ziemlich einfach ist, eine gänzlich untaugliche Fakultät hervorzubringen: eine Fakultät von sehr effizienten Pedanten und Dummköpfen. Die Öffentlichkeit wird den Unterschied erst mitbekommen, nachdem die Universität die Verheißungen der Jugend über etliche Jahre hinweg beeinträchtigt hat.[85]

Forstner: Erstaunlich, und dabei konnten Sie noch gar nichts vom Bologna-Prozess ahnen ...

Whitehead: Bologna-Prozess?

Forstner: Nicht so wichtig ... Ich denke, wir sollten das Thema Universität jetzt doch allmählich abschließen.

Whitehead: Nicht bevor ich ein letztes Mal betont habe, dass der ganze Sinn und Zweck einer Universität auf der Seite der Lehre darin besteht, die jungen Leute unter den intellektuellen Einfluss einer Schar von erfindungsreichen Gelehrten zu bringen.[86]

Der gebildete Mensch I

Lesch: Hast du noch »famous last words« über das Thema Bildung, wo du sagen würdest, darüber haben wir noch gar nicht gesprochen.

Vossenkuhl: Wenn wir mal von dem absehen, was die Schulen so machen, davon haben wir ja jetzt genug geredet, was ist denn nun genau ein gebildeter Mensch für dich?

Lesch: Jetzt fragst du mich? Dann antworte ich – oder du?

Forstner: Am besten beide!

Vossenkuhl: Ich geh nach dem Leibniz-Prinzip: Wenn du was sagst, dann sag ich noch was Besseres.

Lesch: Also, ich fang an, weil mir nämlich eben, als du die Frage gestellt hast, ein gebildeter Mensch eingefallen ist: der Nachbar meiner Eltern. Er ist Malermeister. Und dieser Malermeister ist ein hervorragender Handwerker und Geschäftsmann, singt im Kirchenchor und so weiter. Er hat kein Abitur, aber er ist ein leidenschaftlicher Historiker und bereist mit seiner Frau seit vielen Jahren die Welt, um hier und da die großen archäologischen Symbole der Menschheitsgeschichte zu sehen. Er ist für mich der gebildete Mensch. Er ist weise, weil er freundlich ist, menschenfreundlich und immer großzügig, und weil er einfach unglaublich viel weiß über die Welt und die Geschichte. Das heißt, er kennt sich aus in Raum und Zeit. Er weiß, wo er herkommt; er weiß auch, wo er ist, nämlich mitten in Deutschland in einem kleinen Dorf mitten in Oberhessen. Und er hat ein großes Herz für andere Traditionen. Da sagt er: »Ich würd so ned leben wollen, aber ich find's interessant, dass Menschen da glücklich sein können und es sich so zurechtgebastelt haben.« Er erkennt an, dass sein Hiersein blanker Zufall ist. Er hätte auch woanders auf die Welt kommen können, in Alexandria oder in Buenos Aires. Aber nein, er ist mitten in Oberhessen auf die Welt gekommen und ist Malermeister geworden. Und er macht überhaupt nie den Eindruck, dass er darunter leidet, nicht Geschichtsprofessor geworden zu sein, sondern er freut sich

daran, etwas zu wissen und zwar nur deshalb, weil er's weiß.
Ja, das ist alles.

Vossenkuhl: Wunderbar!

Lesch: Er hat eine Riesenmenge an Geschichtsbüchern, die ich dann auch alle lesen dufte. Ich kenne ihn praktisch, seit ich auf der Welt bin. Er hat mir das Tischtennisspielen beigebracht, und er kann auch unglaublich gut zeichnen. Er ist Restaurator für Kirchen, und er hat eben diesen irren Griff in die Zeit. Er wohnt in Oberhessen, aber er ist meiner Ansicht nach trotzdem ein Kosmopolit. Wenn Leute neu ins Dorf kamen, dann war er der einzige, der sofort mit ihnen sprach: »Du komm mal her, was machst'n du so?« Er hat ganz viele Eigenschaften, die ich für einen gebildeten Menschen wichtig finde. Für mich heißt das, er muss gar nicht alles wissen, aber er weiß einfach, sich in dem Rahmen, von dem du vorhin gesprochen hast, so zu bewegen wie ein Fisch im Wasser.

Vossenkuhl: Also er kann Dinge um ihrer selbst Willen tun. Das finde ich sehr schön.

Experten? Aber bitte mit Vielfalt und Stil!

Forstner: Wie gefällt Ihnen Professor Leschs Malermeister?

Whitehead: Ausgesprochen gut! Ich habe es ja schon ein paar Mal angesprochen, dass ich das Ziel von Bildung dann erreicht sehe, wenn Kultiviertheit und Expertenwissen in lebendiger Weise aufeinandertreffen. Das heißt, es muss ein frei wählbares und zum einzelnen Menschen und seinem Leben passendes Expertenwissen sein. So verstandenes, individuelles Expertenwissen ist dann jene solide Ausgangsbasis, von der aus man gleichermaßen in die Tiefen der Philosophie eintauchen oder zu den Höhen der Kunst aufsteigen kann.[87] Dazu braucht es dann nur noch eine Prise von dem, was ich Kultur beziehungsweise Kultiviertheit nannte – aber den Begriff mögen Sie ja nicht …

Forstner: Okay, allmählich dämmert es auch mir, dass es wenig bringt, auf Begriffen herumzureiten, auch wenn es Philosophierichtungen gibt, die darin die eigentliche Bestimmung der Philosophie sehen und mich diese Philosophien durchaus faszinieren – fasziniert haben …

Whitehead: Jedenfalls beschreibt mein Kollege Lesch in seinem Nachbarn einen Menschen, bei dem die beiden Zutaten der idealen Bildung, nämlich Expertenwissen und Kultiviertheit, perfekt harmonieren.

Forstner: Könnten wir versuchen, diese Harmonie noch etwas genauer zu betrachten? Dann können wir uns das Herumdeuteln an den doch recht abstrakten Begriffen »Expertentum« und »Kultiviertheit« schenken und erden sie stattdessen am konkreten Beispiel?

Whitehead: Oh, befinde ich mich schon wieder in abstrakten Höhen? Dann sollten wir tatsächlich gleich landen, das ist doch unser Programm! Wollen Sie …?

Forstner: Ich fange zumindest mal an: Harald Leschs Nachbar ist also Maler. Vermutlich hat er nach der Volksschule – so hieß das zu seiner Zeit wohl noch – eine Lehre bei einem Malermeister gemacht. Aber auf dieser ersten Stufe der Spezialisierung ist er nicht stehen geblieben. Seine Interessen und Neigungen – meinetwegen auch seine Kultiviertheit – haben ihn dahin geführt, dass er sich zum Malermeister weiterqualifiziert hat, dass er sich viel Wissen über Geschichte angeeignet und sich auf Reisen zu den Baudenkmälern der Welt begeben hat. Diesem Zusammenspiel von Expertenwissen und Kultiviertheit ist es wohl zu verdanken, dass er schließlich Restaurator von Kirchen werden konnte. Ein Beruf, bei dem sich handwerkliches Können und Wissen über Geschichte, speziell über Kunst- und Architekturgeschichte, perfekt ergänzen.

Whitehead: Ja, er besitzt offenbar ein gutes Gespür für Ideen, für deren Schönheit, Struktur und Kraft. Das ist es, was ich mit Kultiviertheit meine und was eine Allgemeinbildung im idealen Sinne vermitteln sollte. Dazu kommt ein bestimmtes Wissen, das konkreten Bezug zum Leben eines Menschen hat. Hier ist es das Wissen eines Malermeisters, der zugleich Experte für Kunst- und Architekturgeschichte ist.

Forstner: Dieses Zusammenspiel aus Spezialwissen und Kultiviertheit ist bei Harald Leschs Nachbarn offenbar etwas, das sich durch sein ganzes Leben zieht, weit über die Schul- und Lehrzeit hinaus. Überschätzen wir, was Schule und sonstige Bildungseinrichtungen wirklich leisten können?

Whitehead: Wir dürfen vor allem die Bedeutung der Schule nicht unterschätzen. Schule sollte dazu genutzt werden, um den Grundstein für eine erfüllende Biografie zu legen. Ich bin mir ziemlich sicher, dass »unser« Nachbar irgendwann in seinen frühen Jahren einen Unterricht erleben durfte, der nicht ausschließlich Allgemeinbildung und auch nicht ausschließlich spezielle Kenntnisse vermittelt hat. Beides muss nahtlos und lebendig ineinander übergehen und darf nicht zerteilt werden.

Forstner: Weil jeder von uns in irgendeiner Hinsicht Spezialist ist?

Whitehead: Ja, und ich stehe unbedingt zu meiner Aussage von vorhin: Wenn man versucht, Expertenwissen aus der Bildung auszuklammern, dann zerstört man damit Leben.[88] Wenn es aber gelingt, beides zu vermitteln, Spezialwissen und Allgemeinbildung, dann kann auch die stärkste aller Geistesqualitäten wachsen, so wie bei »unserem« Malermeister.

Forstner: Jetzt bin ich aber gespannt …

Whitehead: … und wahrscheinlich auch gleich wieder enttäuscht, weil ich nämlich auch hier nur eine für Sie recht altertümlich anmutende Vokabel anbieten kann, nämlich »Stil«.

Forstner: Stil? Das ist in meiner Zeit sogar ein recht aktueller Begriff. Es gibt ganze Zeitungsbeilagen, die so heißen. Aber diese Art von Stil rund um Moden und Marken meinen Sie sicherlich nicht, stimmt's?!

Whitehead: Was ich meine, ist ein gewisser Sinn für Ästhetik, der sich auf die eigene Leistung bezieht und das richtige Maß findet. Extravaganzen, etwa in der Mode, würde ich nicht als Stil bezeichnen.

Forstner: Und diese Art von Stil, wie Sie ihn verstehen, soll am Ende bei Bildung herauskommen? Ist das nicht nur ein schöner Zusatzeffekt ohne wirklichen Nutzen im Leben?

Whitehead: Keineswegs! Nur ein Handwerker mit Stil wird seine Arbeit möglichst gut machen, denken Sie an Kollege Vossenkuhls Metzger.[89] Oder nehmen Sie einen Ingenieur: Nur einer mit Stil wird die Materialien ökonomisch und ökologisch einsetzen. Stil ist die äußerste Moralität des Geistes! Stil beschränkt und gestaltet die Macht, die Bildung mit sich bringt. Stil garantiert, dass die Wirkung einer Aktivität berechenbar wird.[90]

Forstner: Wie das?

Whitehead: Nun, gehen Sie denn nicht davon aus, dass all die Experten, die Sie im täglichen Leben brauchen, ihre Arbeit in

Ihrem Sinne und nach besten Wissen und Gewissen machen, auch oder gerade, weil Sie nichts davon verstehen?

Forstner: Ja, sicher, und der Heizungsbauer, der letzte Woche zwei Heizkörper bei uns zu Hause ausgewechselt hat, hat das auch zu meiner vollsten Zufriedenheit gemacht und noch dazu in kürzerer Zeit, als er im Angebot vorgesehen hatte.

Whitehead: Dann hatte dieser Mann das, was ich Stil nenne. Und dieser Stil ist äußerst nützlich, nicht nur für ihn, sondern auch für Sie.

Forstner: Verstehe, er hätte ja auch trödeln können, um so auf die Stundenzahl in seinem Angebot zu kommen.

Whitehead: Sehen Sie, wenn das keine Beschränkung von Macht ist! Und dass er den Aufwand seiner Arbeit offenbar so gut vorausschätzen konnte, verdankt er der Gabe der Weitsicht. Sie ist für mich das letzte und höchste Geschenk der Götter an uns Menschen.[91]

Forstner: Ich mag es ja, wenn Sie lyrisch werden, aber ehrlich gesagt habe ich jetzt den Faden verloren: Was haben noch mal Stil und Spezialisierung miteinander zu tun?

Whitehead: Sehr viel, denn Stil ist immer das Ergebnis einer Spezialisierung. Oder haben Sie schon einmal vom Stil eines Amateurpoeten gehört?

Forstner: Okay, verstanden. Also weg mit den Amateuren und nur noch Spezialisten? Warum nur mag mir das nicht so recht gefallen?

Whitehead: Vermutlich, weil Amateure über eine ganz wertvolle Tugend verfügen, nämlich eine immense Vielseitigkeit. Und Vielseitigkeit sollten wir auch unbedingt noch zum Ideal eines gebildeten Menschen packen. Für Vielseitigkeit und Flexibilität ist und bleibt eine gute Allgemeinbildung sicherlich der beste Garant.

Forstner: Dann wäre der gebildete Mensch schlechthin ein Experte mit Vielfalt und Stil?

Whitehead: Exakt!

Der gebildete Mensch II – fast schon fromm

Vossenkuhl: Also für mich ist ein Mensch mit Bildung ein Mensch, der vor allem eine seelische Bildung hat, die seine Menschlichkeit beschreibbar macht. Und dazu gehört, dass er nicht nur sich, sondern auch andere liebt und ihnen das auch mitgeben kann, nicht im Verbalen, sondern durch Handeln; dass er seine eigenen Schwächen, Neid und so weiter gut beherrschen und unterdrücken kann; dass er also nicht ungerecht anderen gegenüber ist; dass er niemanden übervorteilen will; dass er nichts besser wissen will als andere; dass er auch dann, wenn es Konflikte gibt, in der Lage ist, Frieden zu stiften und Ausgleich zu schaffen. Woher kommen diese Punkte? Eigentlich aus einem auch für einen Atheisten gut nachvollziehbarem Gebet vom heiligen Franziskus.[*]

Lesch: Ja?!

Vossenkuhl: Ja, das ist alles in diesem Gebet drin und auch, dass man unterscheiden kann zwischen dem, was man ändern kann und nicht ändern kann, aber die Weisheit braucht, um das zu unterscheiden. Also das ist für mich Bildung. Natürlich hängt das auch da und dort mal von der schulischen Erziehung ab, aber es ist eigentlich primär eine Seelenbildung, die das Leben mit anderen Menschen verbessert: Das ist für mich ein gebildeter Mensch.

Lesch: Aber wovon wir beide jetzt reden, ist ja nicht etwas, was mit der Schule zusammenhängt, sondern mit dem Leben: Wie reagiert man auf Lebenssituationen? Reagiert man mit Wut und Hass und Konflikt und Grenze darauf oder reagiert man eben mit was ganz Anderem, mit Zugängen und Großzügigkeit. Also Nächstenliebe nicht als so ein dummes Zeug aus der Bibel abzutun, sondern zu sehen, dass es hier darum geht, friedlich zusammenzuleben.

---

[*] Vgl. Anhang S. 156: Gebet des heiligen Franziskus.

Vossenkuhl: Das find ich ganz wichtig in unserer Zeit: Wer was gegen Fremde hat, ist nicht gebildet!

Lesch: Ja, so ist es!

Vossenkuhl: Und zwar egal, ob er einen Hochschulabschluss hat, eine Doktorarbeit in Chemie geschrieben hat oder nicht.

Lesch: Genau! Gerade in der Chemie gibt es ja Elemente, die nehmen alles, was sie kriegen können. Und ausgerechnet das Edelgas Xenon ist das einzige Edelgas, das sich mit anderen Elementen verbindet. Also nix mit xenophob! Das zeigt uns sozusagen, dass der Name auch nur Schall und Rauch ist.

Forstner: Professor Vossenkuhl bringt hier Bildung mit einem Gebet in Verbindung. Das geht dann doch noch ein Stück weiter als Ihr Sinn für Stil, oder?

Whitehead: Kollege Vossenkuhls Vision entspricht dem Bildungsideal, das von der Morgendämmerung unserer Zivilisation an gegenwärtig gewesen ist, und wir sollten uns keinesfalls mit weniger zufrieden geben. Bildung ist religiös, ja, bleiben wir ruhig viktorianisch-altmodisch: Sie ist fromm!

Forstner: Was bitte schön ist an der Bildung fromm? Oder reden wir jetzt über den Religionsunterricht?

Whitehead: Dachte ich mir schon, dass das für Sie seltsam klingt ... Was ich damit meine, ist, dass wir eine gewisse Pflicht der Bildung gegenüber haben. Dass wir ihr mit jener Ehrfurcht begegnen sollen, die wir sonst nur aus der Religion kennen, und dass wir uns der Bildung gegenüber auch versündigen können.

Forstner: Ich verstehe immer noch nicht ...

Whitehead: Ist es denn letztlich nicht eine Sünde, erreichbare Erkenntnis nicht erlangt zu haben? Wo Einsichten, Erkenntnisse, Wissen den Lauf der Dinge hätten ändern können, da wiegt Unwissenheit wie eine Schuld. Wer Bildung verweigert, frönt dem Laster der Ignoranz![92]

Lesch: In diesem Sinne: Das war's!

124

Whitehead: Das war's? Wie schade! Wir wollten doch noch über Prüfungen reden …

Forstner: Das haben wir dann auch noch. Und es ist ein recht langer Appendix dabei herausgekommen. Vielleicht wollen Sie zuerst?

Whitehead: Nein, nein, Zuhören und Geduld waren nie mein Problem, und zeitlich bin ich mittlerweile auf der Seite der Ewigkeit … Ich komme schon früh genug zum Zuge.

Prüfungen, Prüfungen, Prüfungen

Lesch: Prüfungen? Wir haben nichts über Prüfungen gesagt! Mein Gott, wann hatte ich denn meine letzte Prüfung? Jedes Mal, wenn ich vor meiner Klavierlehrerin sitze und etwas vorspielen muss, dann komm ich mir vor wie bei einer Prüfung: Mir bricht der Schweiß aus. Sogenannter Vorführeffekt. Prüfungen …

Forstner: … gehören die zur Bildung? Oder gehören sie eher nicht dazu? Sind sie überhaupt für was gut?

Vossenkuhl: Das ist natürlich eine Frage, die man gar nicht pauschal beantworten kann. Es gibt bestimmt prüfbare Lerninhalte, egal, ob man sich selbst etwas beibringt oder andere einem etwas beibringen wollen. Die kann man als Wiederho-

lungen des Gelernten beschreiben. Aber nicht jeder Wissens-
inhalt eignet sich dafür.

Lesch: So ist es!

Vossenkuhl: Alle Wissensinhalte, die etwas mit Urteilen zu tun
haben, sind sehr ungeeignet für Prüfungen. Denn wenn man
urteilen gelernt hat, dann kann man nur feststellen, ob man es
kann oder nicht, indem man es diskursiv verwendet, also indem man Situationen beurteilt und Urteile verbalisiert, sie vielleicht sogar hinschreibt. Während man beim Rechnen keine
diskursiven Fähigkeiten braucht. Da muss man analytisch denken. Und alles, was analytisch charakterisiert werden kann,
lässt sich gut prüfen, also nicht nur die Algebra, sondern auch
noch viele andere Inhalte. Das ist die Wiederholung des Standardisierten. Aber bei allem, was mit Urteilen zu tun hat, funktioniert das nicht, und das ist das Malheur in den Universitäten.
Auch zur Bewältigung der großen Zahlen wird eben überall geprüft. Man will eigentlich mit den Prüfungen nicht mehr wirklich feststellen, ob die Leute etwas wissen oder nicht, sondern
man will sie negieren, man will Leute rausschmeißen können.
Außerdem will man Wissenshierarchien aufbauen: Der hat ein
besseres Juraexamen als der, und im Staatsdienst werden nur
die genommen mit ...

Lesch: ... mit dem besten Staatsexamen.

Vossenkuhl: ... die besten fünf Prozent und so weiter. Das sind
alles funktionalisierte Zusammenhänge, die aber mit Bildung
überhaupt nichts zu tun haben! Deswegen kann man auch
nicht sagen, derjenige auf der Rangordnung ganz oben ist ein
gebildeter Mensch. Das ist absurd!

Lesch: Ich habe dazu folgende Anekdote zu erzählen: In
der Fachschaft der Physik liegt ein Ordner aus, da steht drauf:
»Lesch«, Untertitel »hart aber fair«. Die Härte besteht darin,
dass die Studenten sich nicht auf die Prüfung vorbereiten können. Denn ich prüfe, wie sie sich als Physiker oder Physikerin
oder als Philosoph oder Philosophin einem Problem gegenüber
verhalten, von dem sie noch nie etwas gehört haben.

Vossenkuhl: Ah, das ist ja sehr gut!

Lesch: Ich bin also in der kantschen Tradition: Ich unterrichte nicht Philosophie, ich unterrichte Philosophieren! Und so prüfe ich auch, das heißt, wenn ich einen Staatsexamenskandidaten vor mir habe, dann prüfe ich den über etwas ab, was ihn möglicherweise ein Schüler fragen könnte, oder ich fordere ihn auf: »Wie erklären Sie denn jetzt einem 12-Jährigen, wie die Sonne funktioniert? Woher wissen wir, dass es im Inneren der Sonne 15 Millionen Grad hat? Wie kommen Sie denn da drauf? Man sieht ja nix, man sieht ja nur die Oberfläche«, und so weiter. Inzwischen wissen die Staatsexamenskandidaten das auch und sind entsprechend vorbereitet. Wobei die Fragen, die ich ihnen dann stelle, ja häufig Fragen direkt aus dem Schulbuch sind. Da antworten sie mir: »Aha, ja, da wüßt ich jetzt gar nicht ...« – »Ja«, sag ich dann, »jetzt stellen Sie sich mal vor, Sie sind aber in genau dieser Situation.«

Vossenkuhl: Das ist ja auch die Situation, wenn man das später als Lehrer von den Schülern verlangt.

Lesch: So ist es, genau! Ich sage immer zu denjenigen, die Klausuren für Staatsexamenskandidaten schreiben, also die die Aufgaben stellen: »Zeigen Sie mir, dass Sie selbst in der Lage sind, innerhalb der Zeit, die da angegeben ist, auch nur eine einzige dieser Aufgaben zu lösen ...«

Vossenkuhl: Richtig!

Lesch: »... und dann reden wir weiter!« Erst mal musst du das selbst durchdringen!

Vossenkuhl: Die brutalsten Prüfer sind immer die, die es selbst nicht schaffen würden.

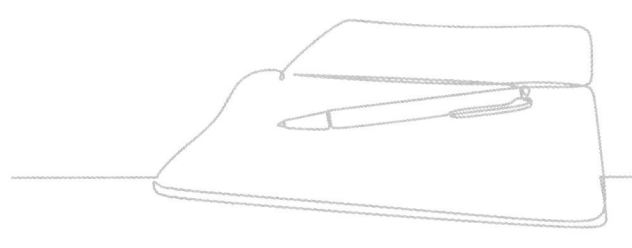

Lesch: Ach, widerlich! Also in der Physik gibt's die Regel: Für Staatsexamenskandidaten müssen jedes Jahr neue Aufgaben da sein. Man kann sich unschwer vorstellen, was das bedeutet: Sie werden jedes Jahr schwerer! Sie sind teilweise so schwer, dass die Kollegen, die das unterrichten, diese Aufgaben überhaupt nicht mehr lösen könnten, wenn sie nicht die Musterlösung hätten.

Vossenkuhl: Völliger Irrsinn!

Lesch: Ja, und die andere Geschichte ist die: In Philosophie liebe ich es, jemanden einfach dazu zu kriegen, sich mit dem, was er in der Vorlesung gehört hat, einer Frage zuzuwenden, die sich möglicherweise gerade aus der Tageszeitung ergibt: »Glauben Sie, das hat etwas miteinander zu tun? Wo könnten Sie denn hier metaphysisch oder erkenntnistheoretisch oder wissenschaftstheoretisch angreifen? Und könnten so vielleicht zur Klärung des Sachverhalts beitragen?« Praktisch so, dass jemand seinen Bauchladen an Know-how dabei hat und dann schauen wir mal. Denn es gibt nichts Langweiligeres, als jemanden abzuprüfen, als ginge es um die Telefonnummern in einem Buch. Aber was Anderes ist es eben häufig nicht. Und da muss ich leider auch sagen, dass diese Unmenge an Prüfungen, die wir inzwischen abliefern müssen, dazu führt, dass nur noch Telefonbücher auswendig gelernt werden.

Vossenkuhl: Ja, furchtbar ist das!

Lesch: Das geht gar nicht! Ich hatte kürzlich einen ganz besonders schlimmen Fall. In einem systematischen Fach wie der Physik kann es nicht sein, dass jemand das, was im vorigen Semester unterrichtet worden ist, vergisst oder es für unnötig hält, es zu wissen. War aber tatsächlich so. Der Prüfling meinte nur lapidar: »Ich lern das doch nicht auswendig!« Ich antwortete: »Brauchen Sie auch nicht auswendig zu lernen, aber Sie sollten es wissen.« – »Nee, da guck ich nach.« – »Ach ja!? Wissen Sie eigentlich, was für ein Fach Sie hier studieren? Da geht's Ring für Ring, können Sie mal bei Rilke nachgucken, wie man sich da entwickelt. Ja! Rilke«, sagte ich, »kennt jemand noch Rilke?« Ich stelle immer so hinterhältige Fragen in der Vorlesung: »Kennt keiner Rilke? Dann gucken Sie mal nach, wer das war!«

Vossenkuhl: »Rilken? Ja, wie macht man das …?«

Lesch: »Rilken! Genau! Gibt's ein Rilke? Ist das eine neue Maßeinheit?«, und so weiter … Also, insofern sind Prüfungen für mich interessant, um herauszufinden, ob das, was ich unterrichtet habe, bei meinen Studenten so angekommen ist, dass sie damit etwas anfangen können. Aber sie sind für mich nicht interessant für ihre Bewertung, sozusagen fürs Ranking oder so was. Das interessiert mich nicht! Aber ich kann schauen: Okay, der hat das gut drauf und dem würde ich auch empfehlen weiterzumachen, und anderen muss man dann unter Umständen in so einem Prüfungsgespräch schon sagen: »Also, machen Sie lieber was Anderes!« Und vor allem: Man darf es nicht übertreiben! Wir haben jetzt so viele Leistungsnachweise in den Bachelorstudiengängen, dass ich immer denke …

Vossenkuhl: … Wahnsinn!

Lesch: Ich danke dem Herrn auf Knien, dass ich das alles auch noch anders kenne!

Vossenkuhl: Deswegen mache ich keine Vorlesungen mehr, denn dann müsste ich jedes Semester am Schluss prüfen.

Forstner: Sind das dann Klausuren oder mündliche Prüfungen?

Lesch: Es kommt darauf an: In der Philosophie wird viel mündlich geprüft, das ist auch schön und gut so, aber in der Physik gibt's dann irgendwelche Klausuren. Oder man bietet ein Seminar parallel zur Vorlesung an, sodass die Studenten den Vorlesungsinhalt zumindest in irgendeiner Art und Weise auch noch präsentieren können. Ich persönlich halte es für das Allerwichtigste, dass die Studenten lernen, dass sie später kaum noch irgendetwas allein machen werden, sie werden dann meist in einem Duo oder Trio arbeiten. Auch in Klausuren sage ich immer: »Wieso sitzen Sie denn allein? Bitte immer zu dritt oder zu viert zusammen, und bitte, Sie da hinten, schreiben Sie groß genug, damit auch alle schön abschreiben können!« Und dann gucken die mich immer völlig verständnislos an.

Vossenkuhl: Kann ich mir vorstellen!

Lesch: »Ja«, sage ich dann, »glauben Sie denn, ich bin daran interessiert, dass Sie sich hier quälen? Sie sollen zusammen etwas Ordentliches machen! So, hier ist die Aufgabe und los: Machen Sie etwas Ordentliches – gemeinsam!«

Vossenkuhl: Sehr gut!

Lesch: Und dabei kommt dann immer noch eine irre Spreizung heraus. Das ist ja das Tolle! Die dürfen alles verwenden, und trotzdem siehst du klar, die haben das völlig drauf. Und die anderen? Tja, Freunde, ihr werdet es nie lernen! Das Schlimme ist nur, dass heutzutage Gespräche stattfinden müssen, die es früher so nicht gab, nämlich: »Warum hab ich denn nur eine 3,3 gekriegt?« – »Ja«, antworte ich, »was wollen Sie von mir?«

Vossenkuhl: Die rufen sogar am Sonntag an!

Lesch: Das ist der Gau! Das kann nicht sein!

Prüfungen? Ohne mich!

Whitehead: Es ist schrecklich zu hören, dass in der Zukunft etwas noch schlimmer geworden ist, als es zu meiner Zeit schon war. Da könnte man mit dem Optimismus durchaus hadern …

Forstner: Ihnen waren Prüfungen immer ein Graus, nicht wahr?

Whitehead: Ja, das waren sie, und zwar egal, auf welcher Seite der Prüfung ich mich befand, ob als Prüfling oder als Prüfer.

Forstner: Sie erzählen sonst kaum aus Ihrer Jugend, also dann: Sie als Prüfling? Sie waren sicher immer bei den Besten.

Whitehead: Sagen wir es so, ich war vorn mit dabei, aber die Prüfungen waren grausam, besonders im Mathematikstudium in Cambridge. In diesen Prüfungen – dem sogenannten Tripos – ging es darum, möglichst viele Aufgaben in einer vorgegeben Zeit zu lösen. Die Aufgaben waren noch nicht einmal besonders anspruchsvoll. Es ging nicht darum zu zeigen, was man wirklich kann, sondern wie viele Aufgaben man unter

Zeitdruck schafft. Das Ganze war zudem so konzipiert, dass niemand alle Aufgaben in der vorgegebenen Zeit bewältigen konnte, auch die Besten und Schnellsten nicht. Das Scheitern war also mit eingebaut. Am Ende gab es dann eine fein säuberliche Abstufung, gemäß den geschafften Aufgaben: 1. Wrangler, 2. Wrangler, 3. Wrangler und so weiter. Das ging bei uns Studenten mit einer unglaublichen Nervenanspannung einher, zumal entsprechend dieser Abstufung die Stipendien vergeben wurden.[93]

Forstner: Heute würde man vom Prüfungsstress reden. Aber diese Art von Prüfungen, wie Sie sie beschreiben, gibt es Gott sei Dank nicht mehr. Es ist also doch ein wenig besser geworden.

Whitehead: Immerhin, und die Abschaffung des Tripos fand sogar noch zu meinen Lebzeiten statt. Aber inzwischen bin ich so weit zu sagen, dass jede Prüfung eine Prüfung zu viel ist. Erst recht jede externe Prüfung und jede Prüfung, die auf den Vergleich zwischen Schülern zielt.

Forstner: Gerade die Vergleichbarkeit von Prüfungsleistungen ist aber heutzutage besonders wichtig. Wir zielen sogar auf internationale Vergleichbarkeit der Abschlüsse.

Whitehead: Das ist grober Unfug! Es kann keine allgemeine für alle gerechte und faire Prüfung geben. Denn noch einmal: Jeder Mensch ist einmalig, jeder ist ein Individuum, jeder ist ein Spezialist. Wo der eine ein faszinierendes Thema sieht, kann der andere nur ein paar unzusammenhängende Beispiele finden. Was wollen sie da mit allgemeinen, vergleichbaren Prüfungen? Was soll denn da verglichen werden? Und zu welchem Zweck?

Forstner: Na ja, braucht es denn nicht ab und an doch eine objektive Abstufung von Leistungen?

Whitehead: Um »auszusortieren«, wie es meine Kollegen so treffend bemerkt haben? Nein, das kommt für mich einer Vernichtung von Leben und Lebendigkeit gleich. Wir Lehrer sind dazu da, Verschwendung zu vermeiden. Und Aussieben ist Verschwendung![94] Wenn überhaupt, dann sollte nur der Lehrer beziehungsweise Dozent, der die Schüler auch unterreichtet hat, prüfen, und auch nur zu dem Zweck, den mein Kollege Lesch nannte: Um festzustellen, ob die Schüler den Unterrichtsstoff auch mitbekommen haben.

Forstner: Und wenn dabei herauskommt, dass ein Schüler es gar nicht verstanden hat, dann darf es auch schon mal eine schlechte Note geben?

Whitehead: Wozu? Nein, dann muss der Lehrer noch mal ran und es wieder und am besten anders erklären. Oder er muss einsehen, dass es sich eventuell um etwas Spezielles handelt, womit dieser eine Schüler nichts anfangen kann. Und dann muss man es auch einmal dabei belassen. Was wollen Sie da mit Noten?

Forstner: Es gibt eine Anekdote, wonach man sich bei Ihnen als durchgefallen betrachten musste, wenn man ein B hatte.[95] Haben Sie wirklich nur gute Noten vergeben? Ganz im Sinne des »benign cherub«, des gütigen Engels?

Whitehead: Ich war stets der Meinung, dass es mir nicht zusteht, Lebensentwürfe zu vernichten. Und Noten tun das nun mal. Jeder, der es sich antut, zu einer Prüfung anzutreten, hat allein dafür schon eine gewisse Wertschätzung verdient: Danach habe ich stets gehandelt.

Forstner: Haben Sie sich auf diese Weise schließlich mit Prüfungen und dem Prüfen ausgesöhnt?

Whitehead: Um ehrlich zu sein: Nein, nie! Wirklich zufrieden war ich mit meiner Arbeit als Dozent erst, als ich gar nicht mehr prüfen musste. Das war allerdings erst sehr spät in meiner Laufbahn, als ich schon in Amerika war. Dort durfte ich schließlich lehren, was ich wollte, und ohne den Zwang, am Ende Prüfungen abzunehmen.

Forstner: Wieder ein Punkt, indem Sie sich offenbar einig sind mit Ihren Kollegen aus der Jetztzeit.

Whitehead: Ja, und ich bin mir sicher, dass die beiden unsere Aufgabe als Lehrer ebenso sehen wie ich, und dass Prüfungen da nur stören. Denn das Prinzip der intellektuellen Entwicklung kommt von innen, vom Lernenden selbst: Die Entdeckungen macht jeder selbst; die Disziplin ist Selbstdisziplin, und jede Selbstverwirklichung ist das Ergebnis der eigenen Initiative. Unsere Aufgabe als Lehrer und Dozenten ist es, Enthusiasmus zu wecken und die Umgebung für Entdeckungen, Eigeninitiative und Selbstdisziplin zu schaffen. Das ist alles.

Epilog – für unsere Lehrerinnen und Lehrer

Forstner: Darf ich dir den letzten Satz aus unserem Dialog mit Whitehead noch mal vorlesen?

Lesch: Ja, klar!

Forstner: Whitehead sagt: »Unsere Aufgabe als Lehrer und Dozenten ist es, Enthusiasmus zu wecken und die Umgebung für Entdeckungen, Eigeninitiative und Selbstdisziplin zu schaffen. Das ist alles.«

Lesch: Ja, genau, das ist alles – und zugleich ist das viel!

Forstner: Das ist sehr viel, das ist eine gigantische Aufgabe! Und trotzdem – es gibt diese begnadeten Pädagoginnen und Pädagogen. Ja, es gibt sie, trotz aller widrigen Umstände in unserem Bildungssystem. Irgendwie wäre mir jetzt doch noch danach – wir haben ja ziemlich viel geschimpft ... Wollen wir nicht am Schluss doch noch eine Lanze für all diese wunderbaren Menschen brechen?

Lesch: Na klar, es gibt genau diese Pädagogen, die auch selbst wissen, dass sie genau an der richtigen Stelle sind. Aber diese richtige Stelle müssen sie erst einmal finden, weil sie in ein System mit allen möglichen Rändern reinkommen, die sehr sehr einschränkend sein können – angefangen mit der Referendarausbildung. Das ist dann auch immer eine Frage der Chemie mit direkten Kolleginnen und Kollegen oder mit Direktorinnen und Direktoren und dieser ganzen Schullandschaft. Aber dann gibt es eben den Moment, wo sie zum ersten Mal in Eigenverantwortung vor ihrer Klasse stehen, und das kann ein beinahe magischer Moment werden ... Ich habe das mal mit einer Kollegin besprochen, die hat diesen wunderbaren Satz gesagt: »Die Kinder sind mir anvertraut.«

Forstner: Das ist schön, ja.

Lesch: »Sie sind mir anvertraut.« – »Vertrauen ist«, wie es mal in einem Werbespruch hieß, »wirklich der Anfang von allem.«

Was können wir uns als Menschen, sozusagen ohne irgendwelche ökonomischen Tauschmittel, denn gegenseitig geben? Wir können uns Liebe geben – und vor allen Dingen Vertrauen. Vertrauen ist eine ganz humane, also zutiefst menschliche Eigenschaft. Wir können sagen:»Ich begebe mich in die Hände dieser anderen Person und vertraue ihr.« Und wenn Lehrer das schaffen mit ihren Schülern, dann ... Wie Hannah Arendt sagte:»Wenn Menschen zusammenkommen, dann muss man mit Wundern rechnen.« Dann kann so etwas passieren, dass nämlich tatsächlich auch diejenigen, die die ganze Zeit gedacht haben:»Ich werd hier nie irgendwas in der Schule«, auf einmal spüren: Das ist dieses Neue, dieses Initium!

Forstner: Das wäre ein kleines Wunder ...

Lesch: ... diese Initiative zu ergreifen:»So, jetzt vergessen wir mal alles, was gewesen ist: neues Schulheft!« – um in dem Bild zu bleiben – erste Seite: Du schreibst wie gedruckt. Auf der zweiten Seite mag sich das schon wieder ändern ... Und Lehrer schaffen das! Ich erlebe es immer wieder bei Lehrerfortbildungen. Da kommen ja nur Leute, die das auch wollen, die werden dazu ja nicht gezwungen. Und dann stehe ich vor einer Gruppe von Leuten, die sind erst einmal ganz begeistert, dass dieser Typ aus dem Fernseher auch in 3-D mal da ist. Dort entstehen dann ganz wundervolle Gespräche, und ich denke jedes Mal:»Meine Güte, was gibt es für großartige Lehrerinnen und Lehrer, die mit so viel Leidenschaft dabei sind.« Ich weiß gar nicht, wie die das mit ihrem Privatleben zusammenbringen bei all den Extrainitiativen. Und diese Extrainitiativen sind eben tatsächlich das Extra, das dann für die Schüler so wichtig ist. Dass sie diese Person, diese Lehrerperson mal als Privatperson erkennen und feststellen:»Ja, wenn der da vorn steht und seinen Frontalunterricht macht, dann ist der so, und wenn der unter uns ist, also im wirklichen Sinne geographisch unter uns, dann ist der ja ganz anders.« Und schließlich wechselt das nicht mehr, sondern irgendwann entsteht so etwas wie eine Klassensolidarität zwischen denen, die unterrichtet werden, und denen, die unterrichten.

Forstner: Ich darf das ja gerade erleben: Meine Tochter ist auf einer neuen Schule, und es gibt sie nach wie vor, diese fantastischen Lehrerinnen und Lehrer. Obwohl der Lehrplan voll ist bis obenhin. Es ist unglaublich, was da alles drin steht! Da kann ich nur Whiteheads »Weniger-ist-mehr« mehrfach unterschreiben! Und doch gibt es Lehrer, die gelegentlich einfach mal auf diesen Lehrplan pfeifen.

Lesch: Genau!

Forstner: Und das muss man manchmal wahrscheinlich auch. Denn das sind oft genau die Themen, die hängen bleiben. Das andere geht da rein und da wieder raus. – Toll, also, es geht!

Lesch: Ja, es geht! Es ist ja auch so, dass es jede Menge Schülerinnen und Schüler gibt, die etwas Anderes machen wollen und die sich dann an die Lehrperson wenden. Jetzt ist die Frage, wie sich ein Lehrer oder eine Lehrerin dann dazu stellt. Ist sie offen und sagt: »Ja, da kann ich dir helfen, da kann ich dir dieses und jenes sagen.« Oder kommt eher eine Antwort wie: »Nein, wir machen hier nur das und das, und ansonsten … Für mich hört mein Lehrersein auf, sobald ich hier raus bin aus der Schule.«

Forstner: Ja, das geht halt nicht. Das ist kein Beruf, wo man …

Lesch: Es ist eine Berufung, das ist kein Job! Daran sollte man diejenigen, die das heutzutage studieren, auch erinnern: Es geht hier nicht um die Möglichkeit, sechs Wochen Schulferien zu haben oder so was, sondern die jungen Menschen sind »mir anvertraut«. Ich glaube, dass diejenigen, die an unseren Schulen unterrichten, den wichtigsten Job machen, den es in diesem Land gibt – neben denjenigen, die direkt Leben retten.

Forstner: Natürlich!

Lesch: Das ist eine so wichtige Sache! Ich kenne ein paar Lehrer, die inzwischen lange pensioniert sind, und die mit großem Leuchten auf ihre Schüler gucken: »Stark, wow!«

Forstner: Ich glaube, das ist dann das wirklich Schöne für einen Lehrer, wenn er auch sieht, dass das fruchtet. Du denkst gerade an einen konkreten Lehrer, oder?!

Lesch: Ja, ich habe neulich meinen alten Physiklehrer wiedergetroffen, und ja, das war schon wirklich schön …

Forstner: Du hattest tolle Lehrer?!

Lesch: Ja, ich hatte tolle Lehrer. Ich habe für eine Veröffentlichung meiner alten Schule ein Vorwort geschrieben* und es mit meinen Schulkollegen, mit denen ich mich immer noch treffe, besprochen, weil ich wissen wollte: »Sehe ich das jetzt irgendwie falsch?« Es klang nämlich wirklich, als wäre es aus der Feuerzangenbowle.

Forstner: Es geht mir ja genauso im Rückblick: Da waren so tolle Menschen dabei! Wobei ich auch manchmal denke: »Sieht man das jetzt verklärt nach all den Jahren?« Aber wie gesagt, ich erlebe das ja gerade bei meiner Tochter: Es gibt sie immer noch!

Lesch: Du siehst es, na klar! Aber die Zeiten waren halt viel lockerer. Wir sind geschlendert im Vergleich zu dem Tempo, mit dem heute durch den Unterricht in der Oberstufe geschlagen wird. Ich habe mir neulich ein Physikbuch für die Oberstufe hier in Bayern genommen und mein eigenes Physikbuch für das 12. Schuljahr daneben gelegt: Wir haben zu meiner Zeit weniger als die Hälfte gemacht! Aber das haben wir gekonnt. Wir saßen nachmittags im Physiklabor und haben Versuche gemacht, um Elektronen um Magnetfelder herumzubeschleunigen.

Forstner: Hessische Gesamtschule?!

Lesch: Hessische Gesamtschule!

Forstner: So was gab's bei uns in Bayern nicht!

Lesch: Wir hatten eine unglaubliche Chemieausbildung, die so wahnsinnig gut war, dass ich heute noch davon profitiere. Ich hab ja dann nicht Chemie studiert, sondern Physik, aber wenn ich heute eine Chemieformel sehe, dann habe ich die immer noch parat. HG und Dr. Schwartz haben mit uns tatsächlich auch viel Unterricht gemacht, der überhaupt nichts mit Chemie zu tun hatte.

---

* Vgl. Anhang S. 157: Grußwort an meine Schule.

Forstner: Und du hältst den Kontakt?

Lesch: Ja, ich bin immer mal wieder in meiner Schule. Das ist gleichzeitig wunderbar und fürchterlich.

Forstner: Wie das?

Lesch: Fürchterlich ist:»Mein Gott, Harald, was hast du alles aus dir gemacht!« – Wunderbar ist: Wie sie sich freuen.

Forstner: Sie sind vermutlich stolz wie Oskar. Da sind viele Emotionen dabei.

Lesch: Ja, das ist es doch! Aber diese emotionale Seite, die wird bei der ganzen pädagogischen Diskussion von Schulministerien und so weiter gar nicht angesprochen.

Forstner: Nein, aber sie ist immer da.

Lesch: Na klar! Sie ist das Entscheidende, das Salz in der Suppe, das, worum es eigentlich geht! Alles andere, diese Regularien … Ich bin ja immer mehr der Überzeugung, es wäre viel besser, wir hätten solche Ministerien gar nicht, und jede Schule würde für sich entscheiden:»Passt mal auf, das sind unsere Kinder, wir hatten dieses Jahr das und das Problem …« – Stell dir doch mal vor, du hast einen Todesfall in der Klasse, und du musst alles verschieben. Aber dann kommt, bumm, wie so eine römische Legion, kommt diese Endprüfung mit den vergleichbaren Klausuren.

Forstner: Genau dagegen kämpfte Whitehead!

Lesch: Was da erzeugt wird mit diesem Wahnsinn ist Unheil, Angst, Leid. All das, was in eine Schule nicht hineingehört. – Freude, Lachen und Enthusiasmus, vamos, das gehört da rein! – Ich hätte den Whitehead wirklich gern mal kennen gelernt …

Nachwort zur (Corona-)Neuauflage oder »Was getan werden muss«

Guter Unterricht ist der Schlüssel für gelingende Bildung, so unser Fazit im Vorwort zu dieser Neuauflage. Die moderne Bildungsforschung kann das eindrucksvoll belegen. Aber das ist keineswegs eine neue Erkenntnis. Es ist das dem humanistischen Bildungsideal verpflichtete Denken, das auch wir zusammen mit Whitehead vertreten. Wenn das aber alles altbekannt und Mainstream ist, warum sind unsere Bildungseinrichtungen dann immer noch so weit davon entfernt – ja, entfernen sich in manchen Bereichen offenbar immer weiter davon? Was muss getan werden, um hier gegenzusteuern?

Wir hoffen, wir konnten in unseren Gesprächen – den echten ebenso wie den fiktiven – dazu einige Ideen und Anregungen geben. Die Rückmeldungen unserer Leserinnen und Leser nähren diese Hoffnung. Allerdings gab es vereinzelt Stimmen, die mit der Dialogform à la Platon nicht ganz einverstanden waren. Darum nutzen wir diese Neuauflage auch dazu, unsere zentralen Überlegungen und die damit verbundenen Forderungen für all die aufzubereiten, die lieber Texte in Prosaform lesen.

Wie Bildung gelingt. Ein Plädoyer für lebendige Vielfalt

Die Bildung von Kindern und Jugendlichen ist ein uraltes Dauerthema; ihre Institutionen, also die Schulen im weitesten Sinne, stehen unter öffentlicher Dauerkritik; seit etlichen Jahren werden zu große Klassen, chronischer Lehrermangel, unzureichende Bildungsinhalte und ungleiche Bildungschancen angeprangert; inzwischen steht sogar der Präsenzunterricht zur Diskussion – als Pandemietreiber; dazu die aktuellen Klagen über die verschlafenen Chancen der Digitalisierung. Schon diese wenigen Stichworte zeigen, welch unübersichtliches Gelände von historischen, gesellschaftlichen, wirtschaftlichen und politischen Ausmaßen hier betreten wird. Die Gefahr, sich in Einzelthemen zu verlieren, ist groß. Deshalb möchten wir an dieser Stelle einen großen Schritt zurücktreten, die Perspektive wechseln und erst einmal fragen: Worum geht es uns eigentlich, wenn wir von Bildung reden?

Die Antwort ist denkbar einfach: Es geht uns um unsere Kinder. Doch so banal das klingen mag, es ist keinesfalls selbstverständlich; in keinem der großen aktuellen Bildungsthemen unserer Zeit kommen Kinder und Jugendliche so vor, wie sie sind, nämlich lebendig! Lernende sind alles Mögliche: Kindergartenkinder, Vorschulkinder, Schüler und Schülerinnen, Studierende, Auszubildende, mal benachteiligt, mal privilegiert, mal hochbegabt, mal mit Förderbedarf. Das wären dann richtige und hilfreiche Klassifikationen, wenn es durchgehend gelänge, die lebendige Individualität jedes einzelnen Kindes im Blick zu behalten. In der Realität gelingt das aber (noch?) viel zu selten. Beim Abarbeiten von übervollen Lehrplänen und der Durchführung von unzähligen Prüfungen stört Lebendigkeit und Individualität eher – erst recht beim pandemiebedingten Distanzunterricht. Idealerweise sind in einem solchen System Kinder wundersame leere Gefäße: oben füllt man Wissen ein, in der Hoffnung, dass unten Bildung herauskommt.

Bildungsziel I: Hilfe zur Selbstentwicklung oder »Weniger ist mehr!«

Unter der Prämisse, dass wir für unsere Kinder mehr wollen, als sie zu möglichst reibungslos funktionierenden mechanischen Rädchen im Getriebe der Ökonomie zu machen, müssen wir uns fragen, was wir ihrer Lebendigkeit und Individualität schuldig sind. Lebendiges ist niemals statisch, niemals passiv, es entwickelt sich, es ist aktiv; und Bildung hat den Zweck, die aktive Selbstentwicklung anzuregen und zu leiten. Das aber können nur Lehrende leisten, die selbst nicht verlernt haben, lebendig zu sein, und denen man erlaubt, lebendige Gedanken zu vermitteln und nicht nur totes Wissen. Das Korsett aus Lehrplänen und Leistungserhebungen lässt ihnen dafür aber nur wenig Raum. Unsere zentrale Forderung lautet daher: Weniger ist mehr! Spätestens das pandemiebedingte Homeschooling hat gezeigt: Die Lehrpläne sind zu voll – zu viele Fächer, zu viel Stoff! Was davon bleibt, ist ein bisschen von allem: einige Bestandteile der Blüte, die eigentümliche Schreibweise von Camille Saint-Saëns, die Anzahl der europäischen Länder (oder doch nur die der EU?), unerklärlich viele Englischvokabeln für ›Spielfeld‹ und so weiter. Das ist passive Aufnahme von zusammenhanglosen Begriffen und keine Bildung, die zur Selbstentwicklung der intellektuellen Fähigkeiten anregt. Geboten wäre Folgendes: Beschränken wir die zentralen Ideen, die Kindern beigebracht werden, auf wenige, aber bedeutsame und lassen wir diese in allen möglichen Kombinationen durchspielen. Kinder sollten sich diese Ideen zu eigen machen und ihre Anwendung hier und jetzt verstehen mit Bezug zu ihrem unmittelbaren Leben und mit Freude am Entdecken.

Bildungsziel II: Verstehen der Gegenwart oder »Wann nützt Wissen?«

»Unterrichte nicht zu viel, und unterrichte das, was du unterrichtest, gründlich!«, so die Forderung. Aber wie kann entschieden werden, was bedeutsam ist und was gestrichen werden kann? Bildung soll der Selbstentwicklung dienen, aber nicht als bloßer Selbstzweck, sondern mit dem Ziel, dass Persönlichkeiten heranwachsen, die sich in der Welt zurechtfinden, weil sie wesentliche Zusammenhänge verstanden haben und so ihre Zukunft aktiv und verantwortungsvoll gestalten können. Bildung muss also weit über den ökonomischen Effekt hinaus nützlich sein. Das ist sie aber nur, wenn sie zum Verstehen der Gegenwart beiträgt, denn das ist es, was Kinder und Jugendliche interessiert: das Hier und Jetzt ihres unmittelbaren Lebens. Das bedeutet nicht, dass Wissen über die Vergangenheit unnütz ist, sondern nur, dass Wissen ohne Bezug zur Gegenwart keinen Sinn macht. Und wenn es im Leben einer 11-Jährigen in Süddeutschland keinen Bezug zu Nehrungen, Haffs und sonstigen Küstenformen der Ostsee gibt, dann hat man schon einen wichtigen Anhaltspunkt dafür, was gegenwärtig keinen Sinn macht. Nur so entsteht Platz für das, was die Lernenden wirklich angeht. Ja, der Umgang mit sozialen Netzwerken gehört zweifelsohne zum unmittelbaren Leben unserer Kinder und Jugendlichen und somit unbedingt in die Schulen, aber nicht »zusätzlich«, sondern »anstatt«, sonst verkommt potenziell nützliches Wissen zu Informationsschnipseln fürs Kreuzworträtsel. Das Ergebnis wäre geistige Trockenfäule statt intellektueller Selbstentwicklung.

Bildung ist letztlich nichts anderes als die Kunst, sich Wissen nutzbar zu machen. Diese Kunst zu vermitteln ist keine leichte Aufgabe. Das zentrale Problem dabei ist, Wissen gegenwärtig und lebendig zu halten. Das gelingt am besten, wenn folgende Faktoren berücksichtigt werden: die Kompetenz der Lehrpersonen, die intellektuellen Fähigkeiten der Schülerinnen und Schüler, ihre Aussichten im Leben und ihre Erwartungen an ihr Leben, die Möglichkeiten, die von der unmittelbaren Umgebung der Schule geboten werden, die Ausstattung der Schule usw. Daraus ergibt sich eine lebendige Vielfalt, für die sich einheitliche Maßstäbe verbieten, also auch einheitliche Prüfungen. Normierte Messungen lassen sich an toter Materie durchführen, nicht aber am lebendigen menschlichen Verstand. Die Erweckung von Neugierde, von Urteilsvermögen, des Vermögens, ein kompliziertes Gewirr von Tatsachen zu meistern, die Anwendung von Theorien in der Vorhersage bestimmter Sach-

verhalte – all das lässt sich nicht mit festen Lehrplänen, einheit-
lichen Lehrbüchern und vorgeschriebenen Prüfungsfächern
vermitteln. Alles Lernen, alles Unterrichten muss im Hier und
Jetzt stattfinden. Letztlich gibt es nur ein Fach, und das ist das
Leben selbst in all seinen Facetten.

Zum Beispiel Mathematik

Unterrichtet man Mathematik nur für die nächste Prüfung,
dann folgt daraus nichts weiter. Dabei ist Algebra das intellektuelle Werkzeug, das geschaffen wurde, um die quantitativen
Aspekte der Welt klar zu machen. Es macht wenig Sinn zu sagen,
dass ein Land groß ist – wie groß? Wir können der Quantität nicht ausweichen. Aktuell kommt niemand an den Statistiken zur Beschreibung der Corona-Pandemie vorbei. Das ist
Bestandteil unserer Gegenwart und auch der unserer Kinder
und Jugendlichen. Aber welche Mathematiklehrerin, welcher
Mathematiklehrer hat den Freiraum, seinen Schülerinnen und
Schülern beim Verstehen all dieser Zahlen, Diagramme, Kurven, Inzidenzmaße und R-Werte zu helfen? Wäre das jetzt nicht
wichtiger als die Binomischen Formeln? Die Lernenden müssen spüren, dass sie etwas Wirkliches und Lebendiges studieren
und nicht lediglich intellektuelle Kunststückchen aufführen.

Exkurs: Sport, Musik, Kunst

Die Fächer Sport, Musik und Kunst wurden vielerorts im Rahmen
der coronabedingten Schulschließungen komplett aufgegeben.
Wenn Schule nur noch aus »Wissensfächern« besteht, dann hat
sie ihren umfassenden Bildungsauftrag, nämlich der Selbstentwicklung zu dienen, gründlich verfehlt. Schon in »normalen«
Zeiten waren es oft diese »weichen« Fächer, die aus vielerlei

Gründen immer wieder ausfielen. Doch kaum fanden sie wieder statt, wurden auch schon wieder Leistungsnachweise gefordert. Ein Widerspruch! Wozu Beweglichkeit, Freude am Singen oder Kreativität überhaupt bewertet werden müssen, sollte tatsächlich selbst noch einmal auf den Prüfstand.

Bildungsziel III: »Experten« mit Vielfalt – Allgemeinbildung und Spezialisierung

Es kann keine allgemeine, für alle gerechte und faire Prüfung geben. Schon Kinder sind »Spezialisten«, darin manifestiert sich ihre lebendige Individualität. Wo die eine ein faszinierendes Thema sieht, kann der andere nur ein paar unzusammenhängende Beispiele finden. Leider lässt sich Unterricht nicht in einen Teil für fundierte Allgemeinbildung und einen anderen Teil für spezielle Kenntnisse zerteilen. Beides geht nahtlos ineinander über. Was Unterricht vermitteln muss, ist ein vertrautes Gespür für die Macht der Ideen, für die Schönheit von Ideen und für die Struktur von Ideen (Allgemeinbildung); zusammen mit einem bestimmten Wissen, das konkreten Bezug zum Leben des Lernenden hat (Spezialwissen). Für das Geographie-Beispiel von oben könnte das bedeuten, dass die 11-Jährige am Ende der Lerneinheit eine fundierte Idee von den Prozessen hat, die die Oberfläche unserer Erde formen (Allgemeinbildung). Also raus in die Landschaft vor der Tür! Lässt sich die Schülerin aus dem Alpenvorland für die Entstehung der oberbayerischen Seen begeistern, dann wäre das schon ein schönes Lernziel. Ob ihr Interesse an Geomorphologie weiter reicht, kann nur die Schülerin selbst entscheiden. Sollte sie nach dem nächsten Sommerurlaub wissen wollen, warum jene Küste so und nicht anders geformt ist (Spezialwissen), weiß sie jedenfalls, welche Fragen sie stellen muss. Vielleicht wird sie ja sogar eine »Expertin« auf diesem Gebiet. Die Expertin unterscheidet sich ganz wesentlich vom »Fachidioten«, denn sie hat sich die wesentliche Tugend der Amateure bewahrt, nämlich deren immense Vielseitigkeit. Und tatsächlich bleibt eine gute Allgemeinbildung, die sich an den gegenwärtigen Lebensthemen orientiert, die Voraussetzung für Vielseitigkeit und Flexibilität. Wie gelangt man dorthin? Indem man den Bildungseinrichtungen mehr Freiheit für ihr Angebot an Allgemeinbildung und Spezialstudien gibt in Übereinstimmung mit ihren Möglichkeiten. Abzulehnen sind Bildungseinrichtungen, die nur darauf zielen, die nächste (externe) Prüfung zu bestehen, sei es für den Übertritt an eine weiterführende Schule oder für den Zugang zu einer Hochschule.

Fazit: Mehr Mut zu Vielfalt und Lebendigkeit!

Unsere Forderungen stehen scheinbar im Gegensatz zu allen Rufen nach Vergleichbarkeit von Lerninhalten und Bildungsabschlüssen. Scheinbar, denn was unter »Vergleichbarkeit« firmiert, ist oft nur der Ruf nach einfachen Kenngrößen (Noten), mit denen man einfache Entscheidungen rechtfertigen will. Dabei ist selten klar, was diese Kenngrößen überhaupt bedeuten. Was heißt es, wenn Schüler x besser im bayerischen Zentralabitur abgeschnitten hat als Schülerin y? Dass er nicht unbedingt der bessere Arzt wird, ist mittlerweile eine Binsenweisheit. Vielleicht wäre seine Bestimmung, ein begnadeter Pädagoge zu werden, das traut er sich aber nicht, weil das ein »verschenktes« Einserabitur wäre. Was wir sagen wollen: In unserer hochkomplexen Welt mit all ihren gesellschaftlichen, politischen, ökonomischen und ökologischen Problemen kommen wir mit einfachen Antworten nicht sehr weit. Wir müssen die Komplexität zulassen von Anfang an, nämlich bei unseren Kindern und Jugendlichen. Das geht nur, wenn sie ihre individuellen Möglichkeiten voll ausschöpfen können. Dazu braucht es Freiräume und nicht übervolle Lehrpläne samt PISA; Lehrerinnen und Lehrer, die begleiten und nicht (ver-)urteilen;

Schulen, die experimentieren dürfen und nicht bloß verwalten; eine Lehrerausbildung, die phantasievolle Pädagogen hervorbringt und keine langweiligen Fachpauker; so dass Kinder und Jugendliche lebendig bleiben und dabei ungestraft Fehler machen dürfen. Das ist keine einfache Aufgabe. Sie erfordert viel Mut von den Entscheidungsträgern, viel Vertrauen in unsere Pädagogen – und unbedingtes Vertrauen in unsere Kinder!

Wir dürfen nicht einfache Antworten auf weitreichende Fragen erwarten. – *Alfred North Whitehead*

Ursula Forstner und Harald Lesch
im Frühjahr 2021

Dank

Ohne Sie, liebe Leserinnen und Leser, würde es diese Neuauflage nicht geben, denn Sie haben bereits die erste Auflage unseres Buchs zu einem Erfolg gemacht: haben es diskutiert, kritisiert und weiterempfohlen.

Juri Köster hat uns mit seinen umfangreichen Materialien zur Bildungsforschung selbstlos unterstützt; ohne ihn hätten wir die Studien von John Hattie nicht entdeckt.

Ein besonderes Dankeschön auch an Hans-Wolfgang Lesch, Germanist und Haralds Onkel; er war der erste, der unsere Texte gelesen und aufmerksam korrigiert hat.

Schließlich hat uns das engagierte Team der wbg, von der Verlagsleitung und dem Lektorat über Design und Produktion bis hin zu Marketing und Presse, trotz Umzug und coronabedingt im Homeoffice, zuverlässig unterstützt und so die Veröffentlichung unseres Buchs überhaupt erst möglich gemacht.

Vielen Dank!

Literatur

Sollte es uns gelungen sein, Ihr Interesse an Whitehead über das Thema Bildung hinaus geweckt zu haben, dann würden wir Ihnen gern folgende weiterführende Literatur ans Herz legen.

… über Whitehead

Hampe, Michael (1998): Alfred North Whitehead. München: C. H. Beck (Beck'sche Reihe 547, Denker).
→ *Eine gelungene und gut lesbare Einführung in das Leben und Werk Whiteheads – und (leider) immer noch die einzige auf dem deutschen Buchmarkt.*

Lowe, Victor (1985): Alfred North Whitehead. The Man and His Work. Volume I: 1861–1910. Baltimore, London: Johns Hopkins University Press.
Lowe, Victor (1990): Alfred North Whitehead. The Man and His Work. Volume II: 1910–1947. Baltimore, London: Johns Hopkins University Press.
→ *Die Whitehead-Biografie schlechthin! Wunderbar einfühlsam und genau recherchiert – leider (bisher) ohne deutsche Übersetzung.*

Price, Lucien (1954): Dialogues of Alfred North Whitehead. As Recorded by Lucien Price, with a Foreword by Caldwell Titcomb and an Introduction by Sir David Ross. Jaffrey, New Hampshire: David R. Godine 2001 (A Nonpareil book).
→ *Dialoge mit dem echten Whitehead, beginnend 1934 bis wenige Wochen vor seinem Tod 1947, meist zu Hause bei ihm und seiner Frau Evelyn, mit vielen anderen Gesprächspartnern, über Gott und die Welt, mal privat, mal politisch, mal philosophisch, mal ernst, oft humorvoll und immer anregend – leider auch ohne Aussicht auf eine deutsche Übersetzung.*

Lesch, Harald und Forstner, Ursula (2019): Ein Physiker und eine Philosophin spielen mit der Zeit. Mit einem Vorwort von Karlheinz A. Geißler. Ostfildern: Patmos.

→*Auch hier spricht (der fiktive) Whitehead mit, diesmal rund um das Thema Zeit. Es geht um Werden und Vergehen, um das Geflecht aus Vergangenheit, Gegenwart und Zukunft und um Unsterblichkeit – und zwar nicht nur für Whiteheads Ideen.*

… von Whitehead

Die Werke Whiteheads, die in den fiktiven Dialog mit ihm eingeflossen sind, in der Reihenfolge ihrer Veröffentlichung:

(1925) Science and the Modern World. Lowell Lectures, 1925. New York: Free Press 1967.
→*Deutsche Übersetzung von Hans Günter Holl: Wissenschaft und moderne Welt. Frankfurt am Main: Suhrkamp 1988.*

(1929) The Aims of Education and Other Essays. New York: Free Press 1967.
→*Deutsche Übersetzung von Chistoph Kann und Dennis Sölch: Die Ziele von Erziehung und Bildung und andere Essays. Berlin: Suhrkamp 2012. – Mit einer sehr lesenswerten Einleitung von Chistoph Kann und Dennis Sölch.*

(1929) Process and Reality. An Essay in Cosmology. Gifford Lectures Delivered in the University of Edinburgh During the Session 1927-28. Corrected Edition, Edited by David Ray Griffin and Donald W. Sherburne. New York: Free Press 1978.
→*Deutsche Übersetzung von Hans Günter Holl: Prozeß und Realität. Entwurf einer Kosmologie. Mit einem Nachwort von Hans Günter Holl. Frankfurt am Main: Suhrkamp 1987.*
Dazu: Sherburne, Donald W. (1966): A Key to Whitehead's Process and Reality. Chicago: University of Chicago Press 1981.
→*Die Abkürzung zu Whiteheads sperrigem Hauptwerk: Nur die wichtigsten Stellen, ergänzt mit kurzen Erläuterungen, dazu ein umfangreiches Glossar zu Whiteheads Begriffen und Wortneuschöpfungen – wartet auch immer noch auf eine deutsche Übersetzung.*

(1933) Adventures of Ideas. New York: The Free Press 1967.
→*Deutsche Übersetzung von Everhard Bubser: Abenteuer der Ideen. Einleitung von Reiner Wiehl. Frankfurt am Main: Suhrkamp 2000.*

Anmerkungen

Unsere Anmerkungen enthalten Informationen und Aspekte, die über unsere Gespräche hinausgehen. Zum überwiegenden Teil sind es Originalzitate von Whitehead, die im Original mal weitreichender, mal treffender und oft humorvoller sind, als es unser deutscher Text je sein könnte – englische Redekunst und englischer Humor eben. Womit wir zugleich das gängige Vorurteil widerlegen wollen, Whitehead hätte ein wie auch immer geartetes Problem damit gehabt, sich verständlich auszudrücken.

[1] Harald Lesch und Ursula Forstner (2019): Ein Physiker und eine Philosophin spielen mit der Zeit. Ostfildern: Patmos.

[2] The Aims of Education and Other Essays (1929).

[3] So in einer Rezension auf Amazon (30.08.2020). Die Kommentare davor erreichten uns so und ähnlich mündlich.

[4] John Hattie, geb, 1950, ist Professor für Erziehungswissenschaften in Melbourne, Australien.

[5] Vgl. https://www.visiblelearningmetax.com/research_methodology (18.01.2021).

[6] Vgl. Lowe (1985), S. 32.

[7] https://www.visiblelearningmetax.com/Influences (18.01.2021).

[8] https://web.fhnw.ch/plattformen/hattie-wiki/begriffe/Kategorie:Faktoren (18.01.2021).

[9] Ulrich Steffens/Dieter Höfer (2016): Lernen nach Hattie. Wie gelingt guter Unterricht? https://www.lernensichtbarmachen.ch/wp-content/uploads/2017/10/Auszug-Newsletter_final.pdf (18.01.2021).

[10] Mehrere Videos zum Thema finden Sie auf YouTube u.a. unter »Lesch & Co.«.

[11] Harald Lesch ist Vater eines erwachsenen Sohnes.

[12] Ernst Wolfgang Böckenförde: Die Entstehung des Staates als Vorgang der Säkularisation. In: Recht, Staat, Freiheit. Studien zur Rechtsphilosophie, Staatstheorie und Verfassungsgeschichte (= Suhrkamp-Taschenbuch Wissenschaft. Nr. 914). Suhrkamp 1991 (erweiterte Ausgabe 2006), S. 92–114, 112.

[13] Whiteheads jüngster Sohn ist im Ersten Weltkrieg gefallen.

[14] Vgl. Tomáš Halík: Geduld mit Gott. Leidenschaft und Geduld in Zeiten des Glaubens und des Unglaubens. Verlag Herder, 2010 (7. Auflage, 2014).

[15] Altgriechisch: πάντα ῥεῖ. Deutsch: Alles fließt.

[16] Ein erstes Gespräch fand statt zum Thema »Zeit« zwischen Karlheinz A. Geißler und Harald Lesch sowie Alfred N. Whitehead und Ursula Forstner. [vgl. Lesch/Forstner (2019): Ein Physiker und eine Philosophin spielen mit der Zeit]

[17] »Forstner: Und die Sache mit Gott … – Whitehead: … gehen wir ein anderes Mal an!« [ebd., S. 103]

[18] »'It was one of your very best, Altie,' said Mrs. Whitehead. – 'Yes, but …'.« [Price (1954): Dialogues of Alfred North Whitehead, S. 56]

[19] »[U]neducated clever women, who have seen much of the world, are in middle life so much the most cultured part of community.« [Whitehead (1929): The Aims of Education, S. 2]

[20] Whitehead hat hier seinen zeitweiligen Freund und Co-Autor, den Mathematiker und Philosoph Bertrand Russell im Sinn. [vgl. Price (1954): Dialogues of Alfred North Whitehead, S. 179]

[21] »'You once said […] that you think in concepts, then try to find words to express them. Now what happens between the concept and the word? How do you translate the one into the other?' – 'God knows!' – he said, fervently. 'Sometimes the sentence comes, and sometimes it doesn't.' – 'He tears up a good many sheets of written paper,' supplied his wife in parenthesis. – 'Do you visualize your thought, even abstract ideas?' – 'I don't know. Do you?'« [ebd., S. 192 f.]

[22] Vgl. Lesch & Co. (2004): Information und Wissen.

[23] »A merely well-informed man is the most useless bore on God's earth.« [Whitehead (1929): The Aims of Education and Other Essays, S. 1]

[24] »He became known as an incredibly benign sage. Benign sages, especially if they are private rather than public figures, become lost in a gentle mist soon after their deaths. This one is worth recovering.« [Lowe (1985): Alfred North Whitehead, S. 2]

[25] »In appearance he was benign and smiling; some called him 'the cherub'.« [ebd., S. 312]

[26] »But mankind is naturally specialist. One man sees a whole subject, where another can find only a few detached examples. I know that it seems contradictory to allow for specialism in a curriculum especially designed for a broad culture. Without contradiction the world would be simpler, and perhaps duller. But I am certain that in education wherever you exclude specialism you destroy life.« [Whitehead (1929): The Aims of Education, S. 10]

[27] »It is easier to hold a philosophy of change if you believe there is a criterion of progress. Whitehead did not accept that comfort. When Dickinson read a paper on June 1886 and the closing question was, 'Have we a criterion of progress?' Whitehead [...] voted No.« [Lowe (1985): Alfred North Whitehead, S. 138]

[28] Vgl. Whitehead (1933): The Human Soul, S. 10–25, in: Adventures of Ideas.

[29] »The safest general characterization of the European philosophical tradition is that it consists of a series of footnotes to Plato.« [Whitehead (1929): Process and Reality, S. 39. Vgl. auch Lesch/Forstner (2019): Fußnoten zu Platon, S 77 f., in: Ein Physiker und eine Philosophin spielen mit der Zeit]

[30] »Aus so krummem Holze, als woraus der Mensch gemacht ist, kann nichts ganz Gerades gezimmert werden.« [Kant (1784): Idee zu einer allgemeinen Geschichte in weltbürgerlicher Absicht, sechster Satz]

[31] »I do not know who was first responsible for this analogy of the mind to a dead instrument. For aught I know, it may have been one of the seven wise men of Greece, or a committee of the whole lot of them. Whoever was the originator, there can be no doubt of the authority which it has acquired by the continuous approval bestowed upon it by eminent persons. But whatever its weight of authority, whatever the high approval which it can quote, I have no hesitation in denouncing it as one of the most fatal, erroneous, and dangerous conceptions ever introduced into the theory of education. The mind is never passive; it is perpetual activity, delicate, receptive, responsive to stimulus. You cannot postpone its life until you have sharpened it.« [Whitehead (1929): The Aims of Education, S. 6]

[32] »The complexity of the world must be reflected in the answer. It is childish to enter upon thought with the simple-minded question, What is the world made of? The task of reason is to fathom the deeper depths of the many-sidedness of things. We must not expect simple answers to far-reaching questions. However far our gaze penetrates, there are always heights beyond which block our vision.« [Whitehead (1929): Process and Reality, S. 342]

[33] »Life is short, and the plastic period when the brain is apt for acquirement is still shorter. [...] We must remember that the whole problem of intellectual education is controlled by lack of time.« [Whitehead (1929): The Place of Classics in Education, S. 62 f., in: The Aims of Education]

[34] Whitehead zitiert hier seinen Zeitgenossen, den Schulreformer Frederik William Sanderson (1857–1922): »They learn by contact.« [ebd., S. 63]

[35] »The devil to be avoided is the cramming of general statements which have no reference to individual personal experience.« [ebd., S. 64]

[36] »I have often noticed that, if in an assembly of great scholars the topic of translations be introduced, they function as to their emotions and sentiments in exactly the same way as do decent people in the presence of a nasty sex-problem. A mathematician has no scholastic respectability to lose, so I will face the question.« [ebd., S. 70]

[37] »As a member of the Prime Minister's Committee on the Place of Classics in Education it was my misfortune to listen to much ineffectual wailing from witnesses in the mercenary tendencies of modern parents. I do not believe that the modern parent of any class is more mercenary than his predecessors. When classics was the road to advancement, classics was the popular subject to study. Opportunity has now shifted location, and classics is in danger. Was it not Aristotle who said that a good income was a desirable adjust to an intellectual life?« [ebd., S. 62]

[38] »Education is the acquisition of the art of the utilisation of knowledge. This is an art very difficult to impart. Whenever a textbook is written of real educational worth, you may be quite certain that some reviewer will say that it will be difficult to teach from it. Of course it will be difficult to teach from it. If it were easy, the book ought to be burned; for it cannot be educational.« [Whitehead (1929): The Aims of Education, S. 4]

39 »Pedants sneer at an education which is useful. But if education is not useful, what is it? Is it a talent, to be hidden away in a napkin? Of course, education should be useful, whatever your aim in life. It was useful to Saint Augustine and it was useful to Napoleon. It is useful, because understanding is useful.« [ebd., S. 2]

40 Vgl. Lesch/Forstner (2019): Unsterbliche Vergangenheit: Einheitsbrei oder Abenteurer, S. 63–65, in: Ein Physiker und eine Philosophin spielen mit der Zeit]

41 »The only use of a knowledge of the past is to equip us for the present. No more deadly harm can be done to young minds than by depreciation of the present. The present contains all that there is. It is holy ground; for it is the past, and it is the future.« [Whitehead (1929): The Aims of Education, S. 3]

42 »In education, as elsewhere, the broad primrose path leads to a nasty place.« [ebd., S. 4]

43 Vgl. Anmerkung 32.

44 Zu dieser These findet sich eine interessante Darstellung in der Einleitung zur deutschen Ausgabe von The Aims of Education von Chistoph Kann und Dennis Sölch (2012), S. 28.

45 »The true method of discovery is like the flight of an aeroplane. It starts from the ground of particular observation; it makes a flight in the thin air of imaginative generalization; and it again lands for renewed observation rendered acute by rational interpretation.« [Whitehead (1929): Speculative Philosophy, S. 5, in: Process and Reality]

46 Vgl. Lowe (1985): The Whiteheads, S. 11–30, in: Alfred North Whitehead.

47 Vgl. Kapitel *Exkurs: Fußnoten zu Platon,* S. 36–39.

48 Vgl. Kapitel *Wissen ist nützlich, wenn es nützlich ist,* S. 52–56.

49 »In the history of education, the most striking phenomenon is that schools of learning, which at one epoch are alive with a ferment of genius, in a succeeding generation exibit merely pedantry and routine. The reason is, that they are overladen with inert ideas. Education with inert ideas is not only useless: it is, above all things, harmful – *Corruptio optimi, pessima.*« (dt.: Zerstörung des Besten ist die schlimmste Zerstörung) [Whitehead (1929): The Aims of Education, S. 1 f.]

50 »mental dryrot« [ebd., S. 2]

51 »Culture is activity of thought, and receptiveness to beauty and human feeling. Scraps of information have nothing to do with it.« [ebd., S. 1]

52 Vgl. ebd., S. 6 f.

53 Vgl. Lesch/Forstner (2019): Takt und Rhythmus, S. 93–98, in: Ein Physiker und eine Philosophin spielen mit der Zeit.

54 »It is not true that the easier subjects should precede the harder. On the contrary, some of the hardest must come first because nature so dictates, and because they are essential to life. The first intellectual task which confronts an infant is the acquirement of spoken language. What an appalling task, the correlation of meanings with sounds! It requires an analysis of ideas and an analysis of sounds. We all know that the infant does it, and that the miracle of his achievement is explicable. But so are all miracles, and yet to the wise they remain miracles. All I ask is that with this example staring us in the face we should cease talking nonsense about postponing the harder subjects.« [Whitehead (1929): The Rhythm of Education, S. 16, in: The Aims of Education]

55 Vgl. »Stages of Mental Growth« und »The Cyclic Processes« [ebd., S. 17–21]

56 »It is the only cycle of progress which we can observe in its purely natural state. […] There is a characteristic of it which is often sadly lacking in subsequent education; I mean, that it achieves complete success. At the end of it the child *can* speak, its ideas *are* classified, and its perceptions *are* sharpened. The cycle achieves its object. This is a great deal more than can be said for most systems of education as applied to most pupils. But why should this be so?« [ebd., S. 20]

57 Anekdoten und Aufschlussreiches zu Whiteheads behüteter Kindheit finden sich bei Lowe (1985): Childhood, S. 31–41, in: Alfred North Whitehead.

58 »There is no getting out of it. Through and through the world is infected with quantity. To talk sense, is to talk in quantities. […] You cannot evade quantity. You may fly to poetry and music, and quantity and number will face you in your rhythms and octaves. Elegant intellects which despise the theory of quantity, are but half developed. They are more to be pitied than blamed. The scraps of gibberish, which in their school-days were taught to them in the name of algebra, deserve some contempt.« [Whitehead (1929): The Aims of Education, S. 7]

59 »In the first place, one train of thought will not suit all groups of children. […] In the second place I am not contemplating one beautiful lecture stimulating, once and for all, an admiring class. That is not the way in which education proceeds. No […]. The pupils have to be made

feel that they are studying something, and are not merely executing intellectual minuets.« [ebd., S. 9 f.]

60   Der Philosoph Hermann Krings (1913–2004) war von 1970 bis 1975 Vorsitzender des Deutschen Bildungsrats und schrieb: Neues Lernen. Fragen der Pädagogen und Aufgaben der Bildungspolitiker. München: Kösel 1972.

61   »The only avenue towards wisdom is by freedom in the presence of knowledge. But the only avenue towards knowledge is by discipline of ordered fact. Freedom and didcipline are the two essentials of education«. [Whitehead (1929): The Rhythmic Claims of Freedom and Discipline, S. 30, in: The Aims of Education]

62   »We must often have noticed children […] absorbed in its ferment. It is dominated by wonder, and cursed be the dullard who destroys wonder. […] The environment within which the mind is working must be carefully selected. […] in a deeper sense it answers to the call of life within the child. In the teacher's consciousness the child has been sent to his telescope to look at the stars, in the child's consciousness he has been given free access to the glory of the heavens.« [ebd., S. 32 f.]

63   »Furthermore, I hold that the only discipline, important for is own sake is self-discipline, and that this can only be acquired by a wise use of freedom. But yet – so many are the delicate points to be considered in education – it is necessary in life to have acquired the habit of cheerfully undertaking imposed tasks. The conditions can be satisfied if the tasks correspond to the natural carvings of the pupil at his stage of progress, if they keep his powers at full stretch, and if they attain an obviously sensible result, and if reasonable freedom is allowed in the mode of execution.« [ebd., S. 35]

64   »The responsibility of the teacher at this stage is immense. To speak the truth, except in the rare case of genius in the teacher, I do not think it possible to take a whole class very long to the road of precision without some dulling of interest. It is the unfortunate dilemma that initiative and training are both necessary, and that training is apt to kill initiative.« [ebd. S. 35]

65   »I am sure that one secret of a successful teacher is that he has formulated quite clearly in his mind what the pupil has got to know in precise fashion. He will then cease from half-hearted attempts to worry his pupils with memorising a lot of irrelevant stuff of inferior importance. The secret of success is pace, and the secret of pace is concentration. But, in respect to precise knowledge, the watchword is pace, pace, pace. Get your knowledge quickly, and then use it. If you can use it, you will retain it.« [ebd., S. 36]

66   »The pupil now wants to use his new weapons. He is an effective individual, and it is effect that he wants to produce. […] An education which does not begin by evoking initiative and end by encouraging it must be wrong. For its whole aim is the production of active wisdom.« [ebd., S. 36 f.]

67   MIT: Massachusetts Institute of Technology; CALTECH: California Institute of Technology.

68   Willhelm Vossenkuhl denkt hier vermutlich an die Technische Universität München (TU München), die 1868 als Polytechnische Schule gegründet wurde.

69   Vgl. Lowe (1990): Alfred North Whitehead, S. 208 oder 250. Passend auch ein Zitat des englischen Mathematikers John Edensor Littlewood (1885–1977), der in Cambridge ein Schüler von Whitehead war: »What I did go to were courses by Whitehead […]. There were three or four of us in the class and we found them very exciting.« [Lowe (1985): Alfred North Whitehead, S. 311]

70   »During the school period the student has been mentally bending over his desk; at the University he should stand up and look around. For this reason it is fatal if the first year at the University be frittered away in going over the old work in the old spirit.« [Whitehead (1929): The Rhythm of Education, S. 26, in: The Aims of Education]

71   Vgl. Kapitel *Mathematik? Da kannste mich mit jagen!*, S. 69–72.

72   Zum Beispiel gibt es verschiedene Mittelwerte: Aus der Datenbasis 10, 10, 10, 10, 100 ergibt sich ein arithmetisches Mittel von 28, aber ein Median von nur 10, denn das ist der Wert, der in der Mitte steht. Je nachdem, was man mit einem vermeintlich objektiven Mittelwert belegen möchte, kann man sich nun den passenden Wert aussuchen und ggf. verschleiern, wie er zustande kommt. Dann kann die Tochter behaupten, die Kinder in ihrer Klasse bekämen im Schnitt 28 € Taschengeld, während die Eltern dagegensetzen, dass es eigentlich nur 10 € seien – und beide Seiten hätten recht.

73   Vgl. dazu S. 16 mit Anm. 6.

74   Vgl. Whitehead (1929): Measurement, S. 322–333, in: Process and Reality. Lesch/Forstner (2019): Jetzt aber mal exakt!, S. 55–57, in: Ein Physiker und eine Philosophin spielen mit der Zeit.

75 Adventures of Ideas (1933) ist der Titel von Whiteheads drittem metaphysischen Werk nach Science and the Modern World (1925) und Process and Reality (1929).

76 George Steiner: Ein langer Samstag. Ein Gespräch. Hoffmann und Campe 2016.

77 Vielleicht denkt Whitehead hier daran, dass Russell einst versucht hat, ihm seine Evelyn auszuspannen – erfolglos, da ist sich der Whitehead-Kenner Lowe sicher. [Lowe (1985): Bertrand Russell, S. 221–251, in: Alfred North Whitehead.]

78 »Fools act on imagination without knowledge; pedants act on knowledge without imagination.« [Whitehead (1929): Universities and Their Function, S. 93, in: The Aims of Education]

79 »The universities have trained the intellectual pioneers of our civilisation […]. They have been the home of those ideals which lead men to confront the confusion of their present times.« [ebd., S. 95]

80 »You must be free to think rightly and wrongly, and free to appreciate the variousness of the universe undisturbed by its perils.« [ebd., S. 93]

81 »[B]ut people are better schooled than unschooled, selling shoestrings or no«, sagt Whitehead bei Price (1954): Dialogues of Alfred North Whitehead, S. 78.

82 »Thus the proper function of a university is the imaginative acquisition of knowledge. Apart from this importance of the imagination, there is no reason why business men, and other professional men, should not pick up their facts bit by bit as they want them for particular occasions. A university is imaginative or it is nothing – at least nothing useful.« [Whitehead (1929): Universities and Their Function, S. 96, in: Aims of Education]

83 »Imagination is a contagious disease. It cannot be measured by the yard, or weighed by the pound, and then delivered to students by members of the faculty. It can only be communicated by a faculty whose members themselves wear their learning with imagination.« [ebd., S. 97]

84 »Knowledge does not keep any better than fish. You may be dealing with knowledge of the old species, with some old truth; but somehow or other it must come to the students, as it were, just drawn out of the sea and with the freshness of immediate importance.« [ebd., S. 98]

85 »The danger is that it is quite easy to produce a faculty entirely unfit – a faculty of very efficient pedants and dullards. The general public will only detect the difference after the university has stunted the promise of youth for scores of years.« [ebd., S. 99]

86 »The whole point of a university, on its educational side, is to bring the youth under the intellectual influence of a band of imaginative scholars.« [ebd., S. 100]

87 »What we should aim at producing is men who possess both culture and expert knowledge in some special direction. Their expert knowledge will give them the ground to start from, and their culture will lead them as deep as philosophy and as high as art.« [Whitehead (1929): The Aims of Education, S. 1]

88 Vgl. Anmerkung 26.

89 Vgl. Kapitel Von Hebammen, Ärzten und Adalbert Stifter, S. 85–89.

90 »Here we are brought back to the position from which we started, the utility of education. Style, in its finest sense, is the last acquirement of the educated mind; it is also the most useful. […] Style is the ultimate morality of mind. […] Style is the fashioning of power, the restraining of power. […] With style you attain your end and nothing but your end.« [Whitehead (1929): The Aims of Education, S. 12]

91 »… foresight is the last gift of gods to men.« [ebd., S. 13]. Vgl. auch Lesch/Forstner (2019): Der Blick in die Zukunft, S. 71–73, in: Ein Physiker und eine Philosophin spielen mit der Zeit.

92 »We can be content with no less than the old summary of educational ideal which has been current at any time from the dawn of our civilisation. The essence of education is that it be religious. Pray, what is religious education? A religious education is an education which includes duty and reverence. Duty arises from our potential control over the course of event. Where attainable knowledge could have changed the issue, ignorance has the guilt of vice.« [Whitehead (1929): The Aims of Education, S. 14]

93 Von den unsinnigen Qualen, die mit einem Mathematikstudium im ausgehenden 19. Jahrhunderts verbunden waren, schreibt Lowe (1985): Mathematics at Cambridge, S. 91–109, in: Alfred North Whitehead.

94 »The teacher […] is there to avoid waste, which in the lower stages of existence is nature's way of evolution.« [Whitehead (1929): The Rhythmic Claims of Freedom and Discipline, S. 39 f. in: The Aims of Education]

95 »To keep the credit students from worrying about their grades while they were trying to understand his ideas, he made a habit of not giving any grades lower than B minus.« [Lowe (1990): Migration to Harvard, S. 144, in: Alfred North Whitehead]

155

Anhang

Gebet des heiligen Franziskus[*]

Herr, mach mich zu einem Werkzeug deines Friedens,
dass ich Liebe übe, wo man hasst;
dass ich verzeihe, wo man beleidigt;
dass ich verbinde, wo Streit ist;
dass ich die Wahrheit sage, wo der Irrtum herrscht;
dass ich den Glauben bringe, wo der Zweifel drückt;
dass ich die Hoffnung wecke, wo Verzweiflung quält;
dass ich Licht entzünde, wo die Finsternis regiert;
dass ich Freude bringe, wo der Kummer wohnt.

Herr, lass mich trachten:
nicht, dass ich getröstet werde, sondern dass ich tröste;
nicht, dass ich verstanden werde, sondern dass ich verstehe;
nicht, dass ich geliebt werde, sondern dass ich liebe.
Denn wer da hingibt, der empfängt;
wer sich selbst vergisst, der findet;
wer verzeiht, dem wird verziehen,
und wer stirbt, der erwacht zum ewigen Leben.

Amen.

[*] Vgl. Kapitel *Der gebildete Mensch II – fast schon fromm*, S. 123.

Grußwort an meine Schule[*]

Anlass: 50 Jahre Theo-Koch-Schule in Grünberg/Hessen

»Ich weiß, es wird Sie schockieren, aber ich habe mein Abitur an einer hessischen Gesamtschule gemacht!«

So fange ich oft meine Vorträge an, vor allem in Bayern. Dort ist man nämlich so stolz, dass man offenbar meint, außerhalb der Grenzen des Freistaates gäbe es keinen anständigen Schulunterricht. Aber wenn ich an meine Schulzeit an der Theo-Koch-Schule Grünberg denke (1976–1978), dann muss ich, auch wenn manches im Rückblick vielleicht besser aussieht, als es tatsächlich war, vielen meiner Lehrer einfach nur danke sagen. Und zwar einen ziemlich herzlichen Dank.

An erster Stelle denke ich da an die unvergesslichen Chemielehrer Frau Hergenröther, kurz HG, und Herrn Dr. Schwartz. Beide konnten einfach motivieren, anspornen und wirklich unterrichten. Das Labor war toll, die Experimente wurden hin und wieder durch das Dr. Schwartzsche »Nase weg vom Benzol, das geht auf die Gene (natürlich ohne die Ernte 23 im Mund)« unterbrochen. Und oft genug ging es gar nicht um Chemie, sondern um Politik und Gott und die Welt.

Und dann Frau Mazumdar, unsere Gemeinschaftskundelehrerin. Bei ihr konnte man politisches Streiten lernen, genauso wie bei Herrn Löffler, dem guten Läppo, der uns regelmäßig mit teils heftigen Provokationen aus der Ruhe brachte.

Und natürlich mein Physiklehrer Harry Hutter. Er war lustig, hochkompetent und dazu ein leidenschaftlicher Physiker. Ich werde nie vergessen, wie er mich nach meiner schriftlichen Abiturprüfung in Physik zur Seite nahm, mich mindestens eine Minute anstarrte und schlicht sagte: »Wenn nach Elefanten gefragt wird, sollte man nicht über Würmer schreiben, nur weil die Elefanten einen Rüssel haben. Du regelst das im Mündlichen!« Was ich dann auch ordentlich gemacht habe.

---

[*] Vgl. *Epilog – für unsere Lehrerinnen und* Lehrer, S. 135.

Man merkt, was nach 40 Jahren bleibt, sind die Menschen, die Persönlichkeiten, die lehren und unterrichten. Sie waren großzügig, wenn möglich, aber auch streng, wenn nötig. Aber vor allem waren sie Pädagogen, Begleiter im besten Sinne, Begleiter, die raten und hinweisen.

Und das alles bleibt, die gute Stimmung, die für heutige Verhältnisse nachgerade entspannte Atmosphäre an der TKS. Es war schön, dahin zu gehen und dort zu sein. Ich verdanke dieser Zeit den Schub, den jeder nötig hat für die ersten Jahre im »richtigen Leben«

Ich weiß, das klingt alles nach Feuerzangenbowle, aber in meinem Kopf und in meinem Herzen bleibt die TKS ein toller Ort.

Lesch: Immer wenn ich diesen Text lese oder ihn wie jetzt schreibe, treten mir die Tränen in die Augen. Wahrscheinlich geht es da um viel mehr in mir. Dorfjunge wird Professor, irgend so etwas. Da höre ich meinen Vater: »Die Drei ist die Eins des kleinen Mannes«, und mit seiner Badezimmerspiegelethik: »Bleib immer anständig, dass du dich nicht anspucken musst, morgens«. Es sind Erinnerungswellen aus ganz alten Zeiten, die immer mit Schule verbunden sind. Wir hatten einen Lehrer in der Mittelstufe, der rauchte immer bei Schulausflügen im Bus, weil er dachte, dann würde uns nicht schlecht. Was natürlich das Gegenteil bewirkte. Tja, und dann die Französischlehrerin, die sich an unserem oberhessischen Dialekt fast die Zähne ausgebissen hätte. Aber dann ging es doch, mit je t'aime, usw. Und dann noch unser Sportlehrer, klein, drahtig und unglaublich stark. Was für ein Typ.

Die Gesprächspartner

… des echten Dialogs

Wilhelm Vossenkuhl

wurde 1945 in Engen, Baden-Württemberg, geboren. Nach der Promotion in Philosophie in München, arbeitete er an der Universität in Cambridge, England, an seiner Habilitation. Sieben Jahre lehrte er als Professor in Bayreuth. Von 1993 bis zu seiner Emeritierung 2011 war er Professor für Philosophie an der Ludwig-Maximilians-Universität in München. Er verfasste Arbeiten zu Wilhelm von Ockham, Immanuel Kant und Ludwig Wittgenstein, zur Handlungstheorie und Ethik. Mit verschiedenen Publikationen und Beiträgen in Funk und Fernsehen setzt er sich für das öffentliche Verständnis der Themen und Anliegen der Philosophie ein – gern auch zusammen mit Harald Lesch. Vossenkuhl hat vier erwachsene Töchter, sechs Enkelkinder und lebt in München.

Harald Lesch

wurde 1960 in Gießen, Hessen, geboren. Er studierte Physik und als Nebenfach Chemie und Philosophie in Gießen und Bonn. Er arbeitete in Forschung und Wissenschaft, war Gastprofessor an der Universität in Toronto, Kanada, und ist seit 1995 Professor für Astrophysik an der Ludwig-Maximilians-Universität in München. Zudem unterrichtet er Naturphilosophie an der Hochschule für Philosophie München. Seine Hauptforschungsgebiete sind kosmische Plasmaphysik, Schwarze Löcher und Neutronensterne. Als Wissenschaftsjournalist, Fernsehmoderator und Sachbuchautor vermittelt er komplexe wissenschaftliche und philosophische Sachverhalte, kurz, er redet über Gott und die Welt. Lesch ist verheiratet, hat einen erwachsenen Sohn und lebt in München.

Alfred North Whitehead

wurde 1861 in Ramsgate, Südengland, geboren. Er studierte Mathematik in Cambridge, wo er anschließend 26 Jahre lang als (einfacher) Dozent unterrichtete. Wenige Monate vor seinem 50. Geburtstag gab er diesen sicheren, aber unbefriedigenden Job auf, verließ das »verstaubte« Cambridge und ging auf gut Glück mit seiner Frau und den drei Kindern nach London. Dort gelang es ihm recht schnell, wieder eine Dozentenstelle zu bekommen. Auf die ersehnte Professorenstelle musste er allerdings noch bis 1914 warten. Er lehrte nun angewandte Mathematik und verfasste naturphilosophische Schriften. Als eigentlich schon seine Emeritierung bevorstand, erhielt er einen Ruf an die Universität Harvard, USA. Er war 63 Jahre alt, als er mit seiner Frau Evelyn England den Rücken kehrte und Professor für Philosophie an der Universität Havard wurde. Seine Abschiedsvorlesung »Immortality« hielt er dort erst 17 Jahre später. Whitehead starb 1947.

Ursula Forstner

wurde 1966 in München, Bayern, geboren. Sie studierte zunächst Mathematik, wechselte aber schon bald zur Geografie. Sie arbeitete in der Unternehmensberatung, in der Planung und schließlich als Eventmanagerin. Nach 13 Jahren gab sie ihren Job auf und ging zusammen mit ihrem Mann nach Kalifornien. Dort reifte der Entschluss, doch noch ein »brotloses« Philosophiestudium zu wagen. Wieder in Deutschland, studierte sie an der Hochschule für Philosophie in München und lernte dort Alfred N. Whitehead und Harald Lesch kennen. Sie lebt mit Mann und Tochter in München.

Bildnachweis